S'ACTUALISER

par des choix éclairés et une action efficace

Yves St-Arnaud

S'ACTUALISER

par des choix éclairés et une action efficace

gaëtan morin
éditeur

Montréal ▫ Paris ▫ Casablanca

Données de catalogage avant publication (Canada)

St-Arnaud, Yves, 1938-

S'actualiser par des choix éclairés et une action efficace

Comprend des réf. bibliogr.

ISBN 2-89105-629-9

1. Actualisation de soi. 2. Motivation (Psychologie). I. Titre.

BF637.S4S24 1996 158'.1 C96-940767-X

Montréal, Gaëtan Morin Éditeur ltée
171, boul. de Mortagne, Boucherville (Québec), Canada J4B 6G4, Tél. : (514) 449-2369

Paris, Gaëtan Morin Éditeur, Europe
27 bis, avenue de Lowendal, 75015 Paris, France, Tél. : (16.1) 45.66.08.05

Casablanca, Gaëtan Morin Éditeur – Maghreb S.A.
Rond-point des sports, angle rue Point du jour, Racine, 20000 Casablanca, Maroc, Tél. : 212 (2) 49.02.17

Révision linguistique : Dominique Page

Imprimé au Canada

Dépôt légal 3e trimestre 1996 – Bibliothèque nationale du Québec – Bibliothèque nationale du Canada

1 2 3 4 5 6 7 8 9 0 G M E 9 6 5 4 3 2 1 0 9 8 7 6

AVANT-PROPOS

La psychologie est une discipline scientifique bien établie. Elle a fait son entrée dans le domaine des sciences contemporaines à la fin du XIXe siècle en empruntant aux sciences de la nature des méthodes éprouvées. Pourtant, il a fallu près d'un demi-siècle avant que l'on trouve une façon de traiter scientifiquement la caractéristique propre à l'espèce humaine qui consiste en la capacité de chaque individu de se particulariser avec le temps. Le terme « actualisation » désigne le processus qui conduit à cette particularisation. La psychologie de la personnalité est le secteur de la psychologie qui en traite. Le premier chapitre du présent ouvrage propose une vue d'ensemble de ce que l'on connaît aujourd'hui du processus d'actualisation.

La psychologie est aussi le lieu d'une pratique professionnelle. Des praticiens[1] formés dans cette discipline ont pour tâche d'aider des individus, des groupes, des organisations ou des communautés entières à s'actualiser. Le verbe d'action utilisé dans le titre de ce livre met l'accent sur cette dimension pratique. L'ensemble de l'ouvrage propose au praticien un cadre d'analyse qui lui permettra d'assister ses clients[2] dans leur processus d'actualisation.

L'étude de la personnalité

Le mot « personnalité » est apparu dans le vocabulaire scientifique dès 1937, avec l'ouvrage de Gordon Allport intitulé *Personality. A Psychological Interpretation*. Cet événement a introduit une nouvelle dimension dans l'étude du comportement humain : désormais, on devait prendre en considération le caractère unique de chaque individu de l'espèce, ce que

---

1. La forme masculine utilisée dans le présent ouvrage désigne aussi bien les femmes que les hommes et n'est utilisée que pour alléger le texte.
2. Le terme « client » doit être pris dans son sens le plus large pour désigner les personnes auprès desquelles le praticien est appelé à intervenir. Lorsque le client est un groupe, une organisation ou une communauté, on parle généralement de « système-client ». Bien que la notion d'actualisation s'applique à chacun de ces systèmes, notre propos portera presque exclusivement sur l'actualisation des personnes. D'autres ouvrages ont déjà été consacrés à l'actualisation des petits groupes (St-Arnaud, 1978, 1989) ou des organisations (Lescarbeau, Payette et St-Arnaud, 1990).

l'on appelle en langage technique « idiosyncrasie[3] » et que l'on désignera ici par l'expression « facteur P » : P pour **p**ersonnel, **p**ersonne, **p**articulier.

Quelques années plus tard, dans un ouvrage collectif dédié à Allport, Kluckhohn et Murray (1948) proposaient d'étudier la personnalité selon trois perspectives complémentaires qu'ils résumaient par les énoncés suivants :

- Tous les hommes sont semblables.
- Certains se ressemblent.
- Chacun est unique.

Si l'on reconnaît que la science a pour objet l'étude du général et non l'étude du particulier, l'idiosyncrasie pose un problème méthodologique. En fait, le mot « personnalité », dans la psychologie scientifique, est surtout associé aux deux premiers énoncés. D'une part, on étudie les généralités en proposant différentes théories de la personnalité : on tente d'expliquer comment une personnalité se construit sous l'influence de l'hérédité et du milieu. D'autre part, on propose des catégories et des typologies pour différencier les individus : on tente de nommer, d'expliquer et de quantifier des traits de personnalité (agressivité, timidité, etc.) ou des modes de fonctionnement (introversion, extraversion, compréhension de type visuel, auditif, etc.). L'idiosyncrasie fait partie des facteurs que la science expérimentale peut tenter d'expliquer, mais qu'elle ne peut contrôler si ce n'est en les incluant dans la marge d'erreur de ses conclusions.

La pratique professionnelle

Parallèlement à la psychologie scientifique, qui s'est intéressée aux deux premiers niveaux, des psychologues praticiens ont créé de nombreuses méthodes d'intervention en tenant compte du fait que chaque individu, chaque groupe, chaque organisation et chaque communauté est unique. Si l'intervention psychologique ou psychosociologique a aujourd'hui sa place dans le domaine scientifique, ce n'est pas d'abord et avant tout parce qu'elle prétend apporter des solutions standardisées aux problèmes que l'on y traite ; à cet égard, elle se distingue de la médecine, par exemple, qui dispose de remèdes éprouvés pour guérir bon nombre de maladies. Si l'intervention psychologique ou psychosociale est reconnue

3. L'idiosyncrasie, selon le *Petit Larousse*, est une « manière d'être particulière à chaque individu qui l'amène à avoir des réactions, des comportements qui lui sont propres ». Cette définition s'applique également à un groupe, à une organisation ou à une communauté.

comme scientifique, c'est parce que le processus même de l'intervention est devenu objet de recherche, de sorte qu'il existe maintenant des façons d'intervenir qui se prêtent à un contrôle scientifique. Une intervention psychologique est moins une application de solutions éprouvées et scientifiquement contrôlées que la recherche menée avec le client même d'une solution qui prendra en considération son facteur P.

Le facteur P est au cœur de l'intervention psychologique ou psychosociale. Toutes les connaissances du praticien, aussi érudit soit-il, ne peuvent, à elles seules, fournir une réponse standardisée à la situation pour laquelle on le consulte. Ainsi, dans une relation d'aide, il n'existe jamais de réponses préétablies aux questions à la première personne que se pose un client : Qu'est-ce que je deviens ? Que vais-je faire ? Comment vais-je réaliser tel projet ? Le savoir accumulé dans la discipline scientifique peut tout au plus guider une recherche de réponses à ces questions. Par exemple, lorsqu'un aidant propose une explication, une hypothèse, une piste à explorer ou une possibilité de solution, il invite son client, en définitive, à s'inspirer de l'analyse déjà faite de situations similaires à celle qu'il vit. Il ne peut d'aucune façon affirmer que le client trouvera ce qu'il cherche en répétant ce que d'autres ont fait. Les deux premières affirmations énoncées plus haut—« Tous les hommes sont semblables » et « Certains se ressemblent »—autorisent l'intervenant à s'inspirer des généralisations dont dispose la psychologie scientifique ; mais il demeure que chaque client est unique et que chaque intervention exige une nouvelle recherche.

Quoi qu'il en soit, même en supposant que le savoir homologué contienne les éléments qui permettent à un client de trouver ce qu'il cherche, encore faut-il que celui-ci s'approprie ce savoir. Sans un choix personnel de la part du client—choix de suivre ou non les pistes proposées, de les valider selon sa situation particulière, puis d'assumer les conclusions auxquelles cette recherche le conduit—, aucun savoir homologué ne pourra aider ce client. Oublier cette dimension essentielle de l'intervention psychologique ou psychosociologique aurait pour effet de privilégier la conformité aux normes établies plutôt que le développement du facteur P.

Les énoncés de Kluckhohn et Murray (1948) cités plus haut peuvent aider l'intervenant à clarifier ses intentions professionnelles. Lorsqu'une personne ou un groupe lui demande son assistance, il doit donc d'abord déterminer lequel de ces énoncés guidera son intervention. Le but est-il d'aider cette personne ou ce groupe à penser ou à faire comme tout le monde ? Est-il que cette personne ou ce groupe adopte la façon de penser ou d'agir typique que l'on attribue à une personne ou à un groupe de sa catégorie, dans le genre de situation que l'on examine ? Ou préfère-t-on plutôt amener cette personne ou ce groupe à faire des choix éclairés ? S'il est facile d'exclure la première catégorie, il est presque impossible de dissocier les deux autres. Le discours des intervenants penche ordinairement vers les choix éclairés. Cette visée est d'ailleurs affirmée dans les manuels destinés aux futurs spécialistes en relation d'aide (Brammer, 1985 ; Egan, 1987 ; Hétu, 1990 ; Patterson et Welfel, 1994 ; George et Cristiani, 1995). La pratique, telle que l'on peut la généraliser à partir de milliers de cas recueillis sur le terrain (Argyris et Schön, 1974 ; Argyris, Putnam et McLain Smith, 1985 ; St-Arnaud, 1995a), démontre cependant que la plupart des interventions privilégient un certain conformisme[4]. Non pas que l'intervenant veuille imposer quoi que ce soit, mais, par voie de conséquence, en fournissant des interprétations, des diagnostics, des conseils, des pistes de réflexion, des hypothèses, des orientations ou des méthodes de travail à un client incapable de faire un choix lucide, on l'oriente implicitement vers les solutions des autres plutôt que de le soutenir dans la recherche de ses propres solutions.

Le présent ouvrage a été conçu pour aider les praticiens qui préfèrent orienter leurs clients vers des choix éclairés à appliquer la théorie qu'ils professent, à manifester une certaine « ignorance créatrice » lorsqu'un client est aux prises avec son facteur P et ne sait que choisir ; « ignorance » par rapport au contenu, bien sûr, mais « savoir » ou « savoir-faire » par rapport au processus d'actualisation et à ce qu'il implique.

Savoir et pratique

La théorie de l'actualisation fait partie des connaissances scientifiques susceptibles d'aider le praticien non seulement à composer avec le fait que chaque individu ou chaque groupe est unique, mais aussi à favoriser le développement particulier de cet individu ou de ce groupe. Que l'intervention concerne une seule personne, un groupe, une organisation ou une communauté, elle peut favoriser le facteur P comme levier de changement. Le présent ouvrage s'adresse aux intervenants qui souhaitent utiliser un tel levier. Il comprend quatre chapitres, lesquels traitent du processus d'actualisation, plus précisément des facteurs psychologiques qui permettent à une personne de développer son facteur P. Le premier chapitre propose une définition de l'actualisation, une présentation sommaire d'une théorie psychosociale de l'actualisation et une description des processus psychologiques qui caractérisent l'organisme humain. Les trois autres chapitres portent sur les trois opérations de base qui, réunies dans une séquence de la vie d'une personne, constituent le processus

---

4. Selon le *Petit Robert*, le terme « conformisme » désigne « le fait de se conformer aux normes et aux usages ».

d'actualisation : recevoir, sans la déformer, l'information de son propre organisme et de son environnement (chapitre 2) ; choisir une ligne d'action qui intègre le traitement cognitif et affectif que l'on fait de l'information disponible (chapitre 3) ; agir pour répondre aux besoins de son organisme en respectant les contraintes de son environnement (chapitre 4).

Le titre ayant souligné l'orientation pratique du livre, le sous-titre désigne les trois clés de l'actualisation présentées dans les chapitres 2, 3 et 4 : recevoir, choisir et agir. Le début du sous-titre indique l'orientation des chapitres 2 et 3 : « S'actualiser par des choix éclairés… » ; la fin donne l'orientation du chapitre 4 : « … et par une action efficace ».

L'auteur s'est souvent demandé si l'actualisation pouvait faire l'objet d'un enseignement. Sa réponse est non. On ne peut pas plus enseigner l'actualisation que l'on ne peut enseigner la vie. Toutefois, il est possible de montrer comment favoriser l'actualisation, tout comme il est possible d'apprendre aux gens des choses qui les aideront à mieux vivre : comment bien se nourrir, comment se tenir en forme physiquement et psychologiquement, comment préparer un événement important ou traverser une étape particulière de la vie, etc. De la même façon, dans une relation d'aide qui prend en considération le facteur P, on ne peut dire à une personne **quoi** faire pour s'actualiser. En revanche, on peut lui dire **comment** faire pour trouver ce qu'elle cherche, puis l'assister dans sa recherche. De là, ce proverbe maintes fois cité dans le contexte de la relation d'aide : « Si tu donnes un poisson à quelqu'un qui a faim, tu le nourris pour la journée ; si tu lui apprends à pêcher, tu le nourris pour la vie ».

L'actualisation de chaque personne se compare à la vie elle-même : elle suit son cours. À l'instar du personnage de Molière, le Bourgeois gentilhomme, qui « faisait de la prose sans le savoir », toute personne s'actualise sans le savoir, du moins à certains moments de son développement personnel. Dans le contexte d'une pratique professionnelle, il convient toutefois d'apporter une attention particulière au processus d'actualisation. Par définition, la pratique professionnelle vise à modifier le cours normal des choses, soit parce qu'une situation présente des difficultés particulières, soit parce que l'on espère bonifier un processus naturel. Le praticien, quelle que soit sa discipline, peut ainsi apporter un savoir et un savoir-faire qui devraient aider d'autres personnes à s'actualiser davantage. Lui-même, comme personne, cherchera à s'actualiser dans sa pratique par des choix éclairés et une action efficace.

Avertissement

Dans cet ouvrage, le masculin est utilisé comme représentant des deux sexes, sans discrimination à l'égard des hommes et des femmes et dans le seul but d'alléger le texte.

TABLE DES MATIÈRES

CHAPITRE 1

L'ACTUALISATION

Chaque personne est unique.

Le *Petit Robert* définit l'actualisation comme suit : « Passage de l'état virtuel à l'état réel. »

En psychologie, l'actualisation désigne un aspect de la personne qui se manifeste à un moment de son développement ; quelque chose qui était déjà là, à l'état de simple possibilité, et qui se manifeste lorsque...

La suite de cette phrase décrit le processus d'actualisation. Cette description, qui fournit la réponse à la question « Qu'est-ce qui permet de passer du virtuel au réel ? », comprend trois mots clés : recevoir, choisir et agir. La phrase inachevée se complète donc ainsi : ... lorsque la personne s'applique à **recevoir** sans la déformer l'information qui vient de son propre organisme et de son environnement (disponibilité), à **choisir** sa propre ligne de conduite (autonomie) et à **agir** de façon à répondre aux besoins de son organisme (efficacité).

À mesure qu'une personne s'actualise, on observe un changement chez elle. Il est facile de conclure, après coup, qu'elle avait la possibilité de devenir ce qu'elle est devenue, mais la tâche est plus difficile lorsque l'on s'interroge sur l'avenir, sur ce que l'on peut devenir, sur le virtuel, sur ce qui est possible. De quoi chacun de nous est-il capable ? On souhaite ne pas se tromper, car si « on se prend pour un autre » en visant un objectif hors de sa portée, on risque de ne récolter que frustration, voire d'éprouver un sentiment d'échec. À l'inverse, si l'on se borne à attendre les événements et à se laisser diriger par eux, il est possible que certaines possibilités restent indéfiniment à l'état virtuel et que l'on ne sache jamais ce dont on est capable.

Pour guider les personnes qui désirent s'actualiser ainsi que les intervenants qui désirent aider d'autres personnes à s'actualiser, la psychologie moderne propose deux types de connaissances : les unes consistent en des généralisations qui concernent ce qui est déterminé par l'hérédité et l'apprentissage ; les autres sont des généralisations qui portent sur ce qui favorise l'autodétermination. Le domaine de l'actualisation relève de ce deuxième type.

Voici quatre exemples qui serviront à illustrer la première catégorie. 1° Dans le domaine de la psychologie de l'enfant, une documentation abondante fournit aux parents et aux éducateurs les moyens de prédire le développement normal d'un enfant : on connaît avec une grande précision, parfois à la semaine près, ce que l'enfant deviendra sur les plans sensorimoteur, intellectuel et même socio-affectif. Ces prédictions sont relativement faciles à faire puisque l'on se situe sur un plan où « tous les enfants se ressemblent ». Une observation attentive et une systématisation des différents processus sensorimoteurs, affectifs et cognitifs permettent donc de tracer à l'avance le chemin du développement d'un enfant (Cloutier et Renaud, 1990). 2° Dans le domaine de la psychopathologie, une étude systématique des différentes difficultés que rencontre une personne dans son processus d'actualisation a conduit à toutes sortes de classifications des maladies mentales (Lalonde et Grunberg, 1988). 3° Dans le domaine de l'apprentissage social, on décrit les étapes et les mécanismes de la socialisation de l'individu (Doré et Mercier, 1992). 4° Dans le domaine de l'éducation, on arrive à définir différentes modalités dans la façon d'apprendre (Kolb, 1984).

À mesure que la personne se développe, surtout à l'âge adulte, le facteur P (P pour **p**ersonnel, **p**ersonne, **p**articulier) se manifeste et il devient de plus en plus difficile de prédire ce que deviendra une personne à mesure qu'elle s'actualisera. Il est facile de prédire ce qui est déterminé — par exemple, les étapes du développement sensorimoteur de l'enfant —, mais la situation est tout autre quand il s'agit de prévoir le comportement d'une personne en santé à partir du stade développemental où elle acquiert la possibilité de s'autodéterminer.

Lorsque l'on introduit le facteur P dans l'étude scientifique de l'être humain, on doit renoncer au désir de produire des portraits-robots. La raison en est simple : s'actualiser, c'est se développer comme un être unique, distinct de tous les autres, et ce en tenant compte du déterminisme de son code génétique et de l'environnement dans lequel on se développe. Enfant, la personne est totalement vulnérable face à son environnement, mais lorsque, au cours de son développement, sa capacité d'autodétermination se manifeste, elle commence à gérer elle-même son processus d'actualisation ; elle devient alors responsable d'elle-même.

Chercher à prédire ce que l'on deviendra à mesure que l'on s'actualisera, ou ce que deviendra une autre personne, serait aussi insensé que de vouloir entreprendre l'analyse des œuvres d'un peintre avant qu'elles n'aient été produites. On reconnaît aujourd'hui que les typologies et les classifications de toutes sortes — en particulier, les tentatives faites pour construire des tests de personnalité — sont presque inutiles lorsqu'il s'agit de prédire ce dont un être particulier est capable. Autrement dit, une personne a tellement de possibilités, en raison de sa capacité d'apprentissage quasi infinie, que l'on ne peut savoir ce qu'elle deviendra. La psychologie ne dispose encore d'aucun plan du développement de la personne qui s'actualise.

Pour résoudre cette difficulté[5], on a introduit une distinction entre le contenu et le processus dans l'étude du comportement humain. Pendant que des chercheurs analysaient la capacité d'autodétermination de la personne — Pelletier et Vallerand (1993) ont fait la synthèse de leurs travaux —, d'autres se demandaient comment favoriser le développement d'une telle capacité et introduisaient de ce fait un deuxième type de connaissances portant sur le processus même de l'actualisation. S'il faut renoncer à définir la personne actualisée, à préciser **ce** qu'elle perçoit, **ce** qu'elle choisit ou **ce** qu'elle fait, on peut, en revanche, définir comment elle procède pour s'actualiser : **comment** elle perçoit, **comment** elle choisit et **comment** elle agit. Faute de modèle de personne actualisée, de nombreux psychologues cherchent à déterminer ce qui facilite ou entrave le processus d'actualisation. Le résultat de ces recherches fera l'objet des prochains chapitres.

La distinction entre le contenu et le processus s'est imposée après l'échec des premières tentatives de définition de la personne actualisée. Maslow, l'auteur le plus associé au concept d'actualisation, concluait dès les années 1950 qu'en dépit de certaines ressemblances qu'il tentait lui-même de systématiser, il n'existe aucun profil type de la personne actualisée. Voici quelques lignes éloquentes de cet auteur :

> Nos sujets manifestent plusieurs des faiblesses que l'on attribue aux personnes moins actualisées. Eux aussi sont pourvus d'habitudes idiotes, futiles ou irrationnelles. Ils peuvent être ennuyants, entêtés, irritants. Ils

5. Les débats méthodologiques qu'occasionne l'introduction du facteur P en psychologie ont été traités ailleurs : Y. St-Arnaud, « Avant-propos de psychologie scientifique », dans *Revue québécoise de psychologie*, vol. 1, n° 1, 1980 ; Y. St-Arnaud, *Connaître par l'action*, Montréal, Les Presses de l'Université de Montréal, 1992 ; Y. St-Arnaud, « Guide méthodologique pour conceptualiser un modèle d'intervention », dans F. Serre (dir.), *Recherche, formation et pratiques en éducation des adultes*, Sherbrooke, Éditions du CRP, Université de Sherbrooke, chap. 8, 1993.

ne sont en rien libres d'attitudes superficielles comme la vanité, l'orgueil, la partialité envers leurs propres productions, leur famille, leurs amis et leurs enfants. Des éclats d'humeur sont fréquents... On a constaté également que ces personnes ne sont pas exemptes de culpabilité, d'anxiété, de tristesse, d'autodépréciation, de luttes et de conflits intérieurs. (Maslow, 1954, p. 228 et 229 ; traduction libre.)

LE PROCESSUS D'ACTUALISATION

La figure 1.1, intitulée « Deux conceptions de l'actualisation », précise l'approche utilisée dans la présente théorie de l'actualisation en la comparant avec une approche qui tenterait de mesurer le degré d'actualisation d'une personne. Sur le modèle du quotient intellectuel (QI) que l'on utilise en psychométrie pour mesurer le degré d'intelligence d'une personne, on pourrait imaginer un test d'actualisation donnant un résultat sous forme de quotient d'actualisation (QA). Il s'agirait ensuite de placer sur un continuum différentes valeurs de quotients d'actualisation (voir la figure 1.1).

En dépit des efforts déployés pour construire un tel test (Shostrom, 1964 ; Knapp, 1976), on persiste à croire, chez la plupart des humanistes, qu'il ne peut exister de portrait standard de la personne actualisée étant donné que, plus une personne s'actualise, plus elle se particularise et échappe aux comparaisons statistiques. En conséquence, toute mesure psychométrique, qui consiste par définition à comparer des individus entre eux, ne pourrait donner qu'une grossière approximation d'un prétendu quotient d'actualisation. À supposer qu'un tel test existe, il ne tiendrait pas compte, vu ses limites méthodologiques, de ce qu'il y a de particulier chez une personne. Dans une critique qu'ils font de l'utilisation professionnelle du test construit par Shostrom, le *Personal Orientation Inventory (POI),* Whitson et Olczak (1991) concluent que « l'utilisation clinique du POI s'est faite prématurément, avant que sa validité n'ait été établie de façon satisfaisante » (p. 305 ; traduction libre).

L'approche proposée ici renonce à toute mesure de la personne actualisée. Plutôt que de chercher à comparer les personnes entre elles à l'aide d'instruments psychométriques, on utilise trois critères permettant d'évaluer à chaque instant si le mode de fonctionnement d'une personne est source d'actualisation. Sans savoir ce que deviendra la personne en cours d'actualisation, sans même se préoccuper de déterminer quelque degré d'actualisation que ce soit, on peut affirmer que, plus elle vivra de séquences « actualisantes », plus elle augmentera son degré d'actualisation, et ce même s'il est impossible de le comparer à celui atteint par d'autres personnes. Dans la figure 1.1, la séquence actualisante est représentée par

FIGURE 1.1 Deux conceptions de l'actualisation

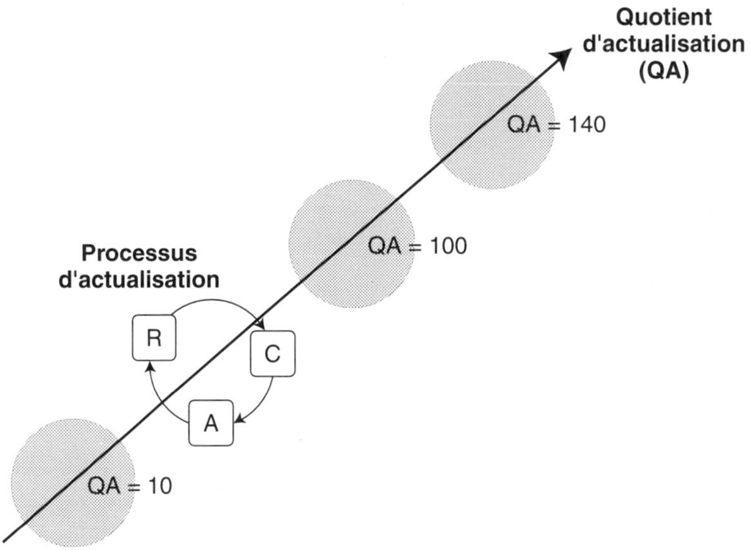

Légende : R = recevoir
C = choisir
A = agir

le schéma circulaire qui réunit les lettres R pour **r**ecevoir, C pour **c**hoisir et A pour **a**gir. Lorsque ces trois éléments sont réunis dans une séquence de vie, une personne se trouve engagée dans un processus d'actualisation.

Il est intéressant de constater qu'il est possible, quel que soit le prétendu degré d'actualisation obtenu par une personne, de faciliter son actualisation par l'utilisation des trois mêmes éléments, c'est-à-dire en l'aidant à devenir 1° plus disponible à l'égard de l'information qui circule dans son organisme et de celle qui provient de son environnement, 2° plus autonome dans ses choix et 3° plus efficace par une action qui répond à ses besoins fondamentaux. Que l'on fasse une psychothérapie pour arriver à réduire les éléments qui font obstacle à son développement personnel ou que l'on soit en pleine expansion de sa personnalité, c'est le même processus qui favorise l'actualisation d'une personne ; seules les techniques utilisées changent. Ce schéma circulaire peut se situer n'importe où sur une hypothétique échelle d'actualisation. Dans la figure 1.1, il est représenté par des cercles gris.

UNE THÉORIE DE L'ACTUALISATION

Les cinq énoncés de l'encadré suivant résument l'essentiel d'une théorie psychosociale de l'actualisation chez l'adulte[6], une théorie axée sur le processus plutôt que sur le contenu.

Une théorie psychosociale de l'actualisation chez l'adulte

1° Tout individu naît avec des structures innées (programmes génétiques) qui favorisent son développement personnel (tendance à l'actualisation) tout en déterminant sa personnalité (déterminisme héréditaire).

2° Tout individu acquiert, sous l'influence de son milieu (apprentissage), des structures qui favorisent son adaptation tout en déterminant sa personnalité (déterminisme du milieu).

3° L'espèce humaine ne dispose d'aucun environnement socioculturel pouvant assurer automatiquement le plein épanouissement de l'individu et de la collectivité ; dans ce contexte, l'actualisation d'une personne est en grande partie reliée aux choix que fait celle-ci au cours de sa vie (autodétermination).

4° En conséquence de ce qui précède, tout individu développe une personnalité mixte au cours des années antérieures à sa vie adulte : une première facette, le **soi intégré**, comprend les aspects de sa personnalité dont il est satisfait (résultat d'une intégration des exigences de son organisme et des exigences de son milieu) ; une seconde, le **soi conflictuel**, comprend les aspects non désirés de sa personnalité (résultat de conflits non résolus entre les exigences de son organisme et les exigences de son milieu).

5° L'actualisation d'une personne adulte s'opère selon deux modalités, soit par l'expansion du **soi intégré**, soit par la réduction du **soi conflictuel** ; dans les deux cas, les clés de l'actualisation sont les mêmes :

- la **disponibilité**, qui consiste en la capacité de **recevoir** l'information de son organisme et du milieu ;
- l'**autonomie**, qui correspond à la capacité de **choisir** ;
- l'**efficacité**, qui équivaut à la capacité d'**agir** pour répondre à ses besoins.

---

6. Cette théorie a déjà été exposée plus longuement dans Y. St-Arnaud, *La personne qui s'actualise*, Chicoutimi, Gaëtan Morin Éditeur, 1982.

Premier énoncé

Tout individu naît avec des structures innées (programmes génétiques) qui favorisent son développement personnel (tendance à l'actualisation) tout en déterminant sa personnalité (déterminisme héréditaire).

La théorie de l'actualisation présentée ici repose sur un postulat concernant la composante énergétique de l'organisme humain. Les questions soulevées au sujet de cette composante du système humain n'ont jamais cessé d'opposer les chercheurs dans le domaine de la psychologie. Il n'est pas dans notre intention de reprendre ces discussions, mais quelques précisions aideront à clarifier le postulat fondamental de la théorie psychosociale de l'actualisation selon lequel il existe une tendance à l'actualisation qui dirige l'organisme dans sa croissance.

Précisons d'abord que la présente théorie ne fait aucune référence aux instincts — pulsions, libido, instinct de vie, instinct de mort — pour rendre compte de l'orientation de l'organisme dans la poursuite des objectifs. Elle n'utilise pas non plus la notion d'« énergie psychique », notion qui sème généralement beaucoup de confusion. Les seules énergies dont il est fait mention sont celles que la biologie et la psychophysiologie du système nerveux nous ont fait connaître, à savoir l'énergie biochimique, qui provient des transformations en ADP (adénosine diphosphate) des molécules d'ATP (adénosine triphosphate), et l'énergie bioélectrique, qui circule dans le système nerveux sous forme d'influx nerveux. La notion de tendance à l'actualisation n'implique en aucune façon une énergie psychique nouvelle, de type autonome. Peterfreund (1971) a montré, par exemple, que l'on peut formuler des théories aussi complexes que celles de la psychanalyse à l'aide d'un modèle de traitement de l'information, sans qu'il soit nécessaire de postuler l'existence d'une énergie psychique particulière (St-Arnaud, 1979).

Cette position radicale par rapport à la dimension énergétique inclut l'affirmation d'une tendance à l'actualisation de l'organisme. Ce postulat s'est imposé progressivement à partir des travaux d'Angyal (1941) et de Goldstein (1951). Il a été repris et popularisé par Maslow (1972) et Rogers (1951, 1968, 1980). Il demeure un concept clé de la psychologie contemporaine (Jones et Crandall, 1991). Il consiste à affirmer qu'il y a, inscrite dans le code génétique de chaque individu, une orientation fondamentale qui dirige la différenciation de l'organisme, maintient son organisation et lui permet d'atteindre une certaine autonomie par rapport à son environnement.

Les versions contemporaines de ce postulat s'apparentent aux observations faites dans différents domaines par ceux qui étudient le fonctionnement des systèmes naturels. S'il est communément admis que les systèmes fermés obéissent aux lois de la thermodynamique et tendent vers une désorganisation progressive que l'on désigne par le terme « entropie » (Rosnay, 1975 ; Laborit, 1974), une tendance inverse apparaît dans les systèmes ouverts que sont les êtres vivants. L'échange continuel de matières — aliments, oxygène — et d'informations — perceptions, actions — entre l'individu et son environnement entraîne une organisation croissante, une structuration du système. On parle de néguentropie (Rosnay, 1975) ou de tendance formative lorsque l'on fait référence à cette caractéristique du système ouvert :

> J'aimerais signaler deux tendances, reliées entre elles, qui ont influencé de plus en plus ma pensée avec les années. L'une est une tendance à l'actualisation, caractéristique de la vie organique ; l'autre est une tendance « formative » dans tout l'univers. À elles deux, elles sont, je crois, les fondations de l'approche centrée sur la personne. (Rogers, 1980, p. 114 ; traduction libre.)

Cette tendance à l'actualisation se manifeste, à mesure que l'enfant fait place à l'adulte, par une capacité d'autodétermination. Les études expérimentales menées par Deci et Ryan (1985) sont venues concrétiser le concept de tendance à l'actualisation, utilisé par les fondateurs de la psychologie humaniste. Ces auteurs ont établi que chaque personne, en dépit d'une grande vulnérabilité face à l'environnement, a la capacité de s'autodéterminer et que cette capacité peut se développer ; le quatrième énoncé explicitera cet aspect.

Deuxième énoncé

> Tout individu acquiert, sous l'influence de son milieu (apprentissage), des structures qui favorisent son adaptation tout en déterminant sa personnalité (déterminisme du milieu).

Les quelque douze milliards de cellules que contient son cerveau et le nombre astronomique de connexions synaptiques créées par celles-ci font du bébé naissant un bio-ordinateur programmable à l'infini. Les données recueillies par les behavioristes ont bien établi les lois qui président à cette programmation — l'apprentissage — à mesure que l'individu interagit avec son environnement. Pour autant que l'on s'appuie sur une définition de l'apprentissage moins déterministe que celle proposée par les premiers behavioristes (Watson, 1926; Skinner, 1938), le deuxième énoncé reconnaît que la personnalité est en partie le résultat des apprentissages antérieurs. L'apprentissage se définit ici comme toute acquisition comportementale qui est le produit spécifique d'une interaction entre l'individu et son environnement.

Les personnes habituées aux divergences de vues entre les différentes écoles de psychologie auront sûrement perçu, dans ce deuxième énoncé, une saveur behavioriste. En effet, on sera tenté d'attribuer au seul environnement la cause des différences individuelles en matière de comportement. Le behaviorisme des premiers jours évitait même le terme « personnalité » et préférait attribuer les différences individuelles à un ensemble d'habitudes acquises par apprentissage. Dans un contexte informatique, on pourrait parler ici d'une programmation par le milieu du bio-ordinateur individuel. La boutade de Watson (1926) est bien connue :

> Donnez-moi un individu et l'environnement adéquat pour l'éduquer et je le ferai ramper ou marcher ; je le ferai grimper et utiliser ses mains pour construire des édifices en pierres ou en bois ; j'en ferai un voleur, un bandit ou un toxicomane. La possibilité de modelage dans quelque direction est pratiquement infinie. (P. 35 ; traduction libre.)

La psychanalyse a aussi décrit avec une grande précision l'influence de l'environnement dans le développement de la personnalité. Par les mécanismes de l'introjection, l'enfant adopte progressivement les normes et les valeurs de son milieu, au point d'éprouver un sentiment de culpabilité s'il agit à l'encontre de ces normes introjectées. C'est par le concept de surmoi que ces théories de la personnalité rendent compte de l'influence déterminante de l'environnement sur le développement de chaque individu.

Dans la présente théorie de l'actualisation, les possibilités d'apprentissage, si bien démontrées par le behaviorisme, sont reconnues et intégrées. L'influence de l'environnement fait également partie des données initiales à partir desquelles s'opère le processus d'actualisation. Les stimuli de l'environnement sont considérés comme des matières premières qui alimentent le bio-ordinateur. L'organisme fournit, pour sa part, un autre type de matière première : l'expérience subjective, essentielle dans le processus d'actualisation.

Troisième énoncé

> L'espèce humaine ne dispose d'aucun environnement socioculturel pouvant assurer automatiquement le plein épanouissement de →

l'individu et de la collectivité ; dans ce contexte, l'actualisation d'une personne est en grande partie reliée aux choix que fait celle-ci au cours de sa vie (autodétermination).

Que l'on soit behavioriste, humaniste, psychanalyste ou tenant d'une quelconque position théorique, le consensus devrait s'établir assez facilement autour de la première partie du troisième énoncé : il semble qu'au stade actuel de son évolution, l'espèce humaine n'a pas réussi à créer des environnements socioculturels pouvant assurer un équilibre entre les exigences de l'individu et celles de la collectivité dont il fait partie. Outre les données de sens commun, de nombreuses observations tirées d'études anthropologiques, sociologiques et politiques des sociétés humaines soutiennent cet énoncé. En comparant les cultures, on peut constater, par exemple, que les peuples orientaux valorisent davantage la collectivité, au point que les individus n'ont aucun problème de conscience à accepter, entre autres choses, les avions-suicide que les Japonais utilisaient en temps de guerre. Les sacrifices humains ont aussi fait partie des mœurs de nombreuses collectivités. En Occident, le culte de l'individu est en revanche bien ancré ; les théories mêmes de la personnalité et de l'actualisation de soi sont des produits occidentaux. La propriété privée, que l'analyse marxiste situe au cœur des problèmes sociaux, n'est qu'un exemple parmi d'autres du culte rendu à la personne.

Il n'est pas nécessaire de faire appel aux disciplines scientifiques pour reconnaître que, dans chaque collectivité, le nombre d'individus insatisfaits de leur environnement social est plus élevé que le nombre d'individus satisfaits — les privilégiés. Ce phénomène ne semble pas exister chez les fourmis, les abeilles ou les singes.

L'histoire nous indique que l'évolution est très lente à cet égard. Que l'on pense aux peuplades dont la « santé » collective exigeait le meurtre des enfants malades, aux systèmes religieux ou politiques qui ont consacré des divisions de castes ou de classes, aux oppositions entre dominants et dominés, entre maîtres et esclaves, entre les élites et les masses, etc. L'histoire de l'humanité correspond à une recherche pénible et très lente d'un équilibre entre les exigences des individus et celles de la collectivité. Certains disent même qu'il ne s'opère aucune progression et que l'être humain n'a pas nécessairement la capacité d'établir un tel équilibre. Avec leurs concepts d'aliénation, de psychose ou de personnalité névrotique, les sciences humaines en arrivent aux mêmes conclusions. Et si, malgré tout, il devait rester des irréductibles pour croire à l'équilibre de l'espèce humaine, un rappel des guerres qui ont marqué tout le cours de l'histoire devrait venir à bout de leur obstination.

Le troisième énoncé ne comporte toutefois aucune évaluation négative ou positive de cette réalité, pas plus qu'il n'implique d'attitude pessimiste ou optimiste. Il reconnaît simplement un fait central pour celui qui aborde l'étude de l'actualisation. À chacun de décider s'il faut voir là l'indice d'une déchéance et, en conséquence, le signe que l'homme détruira sa planète avant d'avoir atteint un équilibre entre les exigences individuelles et collectives, ou, au contraire, le simple prix que la nature doit payer pour créer une espèce dont les individus soient relativement libres et autonomes.

Dans le domaine de la psychologie, on trouve des descriptions assez fantaisistes de ce que serait la société idéale. *Walden II*, de Skinner (1948), et *Un manifeste personnaliste, fondements d'une politique de la personne*, de Rogers (1979), en sont de bons exemples. Le premier consiste en l'extrapolation des principes behavioristes sur le plan socioculturel, le second est la description d'une société personnaliste de demain. Certes, ces ouvrages relèvent davantage de la science-fiction que de la réalité. L'information accumulée sur l'histoire et les modes de vie actuels des humains ne permet pas d'autre conclusion que celle formulée dans le troisième énoncé.

Qu'il soit optimiste ou pessimiste, le chercheur peut facilement constater que l'espèce humaine n'a pas encore atteint le point terminal de son évolution. Une théorie psychosociale de l'actualisation doit tenir compte de ce constat, tout en cherchant des éléments qui permettront de progresser dans la recherche d'un équilibre entre les exigences de l'individu et celles de la collectivité.

La position adoptée ici, résumée dans la seconde partie du troisième énoncé, est la suivante : seule la capacité de faire des choix personnels peut assurer à chacun un maximum d'actualisation. En effet, on présume qu'en raison même de la capacité d'autodétermination des individus, il faut renoncer à toute organisation sociale prédéterminée pour assurer l'équilibre entre les besoins des individus et ceux des collectivités. Il reste donc à espérer que l'actualisation progressive des individus contribuera à la construction d'environnements socioculturels de plus en plus sains. Mais cet optimisme n'est pas essentiel pour adhérer au troisième énoncé où il est simplement dit qu'en plus des déterminismes décrits dans les deux premiers énoncés, chaque individu de l'espèce humaine dispose d'une capacité de faire des choix personnels (autodétermination).

Avec le troisième énoncé se termine la série des énoncés généraux qui tentent d'intégrer les positions particulières des différentes écoles de psychologie. L'ensemble constitue la toile de fond d'une théorie de l'actualisation. Les quatrième et cinquième énoncés porteront, quant à eux, sur les grandes lignes d'une théorie plus spécifique qui traitera des rapports entre un individu **qui naît avec un potentiel de bioénergie infini et avec des possibilités d'apprentissage infinies,** et un environnement socioculturel **qui ne peut assurer simultanément la santé mentale de l'individu et de la collectivité.**

Quatrième énoncé

En conséquence de ce qui précède, tout individu développe une personnalité mixte au cours des années antérieures à sa vie adulte : une première facette, le **soi intégré**, comprend les aspects de sa personnalité dont il est satisfait (résultat d'une intégration des exigences de son organisme et des exigences de son milieu) ; une seconde, le **soi conflictuel**, comprend les aspects non désirés de sa personnalité (résultat de conflits non résolus entre les exigences de son organisme et les exigences de son milieu).

FIGURE 1.2 Les voies de l'actualisation chez l'adulte

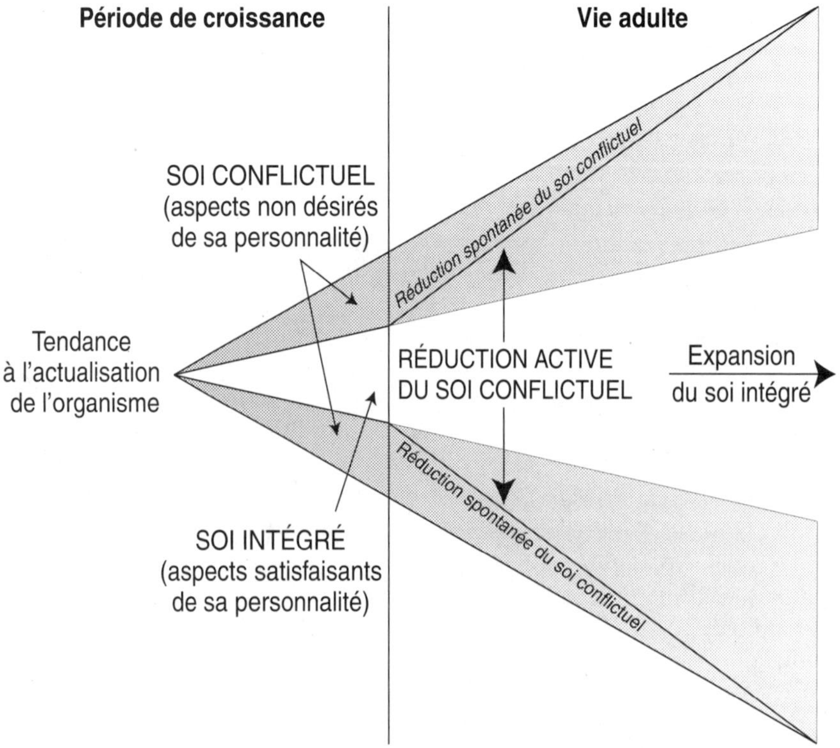

Cet énoncé établit la nécessité de tenir compte, chez tout individu « normal », de la présence d'une double facette de sa personnalité : une zone intégrée, où sont compris tous les aspects de sa personnalité dont l'individu est satisfait, et une zone conflictuelle, qui réunit tous les aspects « non désirés », les aspects de sa personnalité que l'individu n'aime pas et qu'il voudrait bien pouvoir changer. La figure 1.2, intitulée « Les voies de l'actualisation chez l'adulte », illustre comment la distinction entre deux facettes conduit à deux grandes voies d'actualisation : la première consiste à développer davantage les aspects de sa personnalité que l'on apprécie (expansion du soi intégré) ; la seconde consiste à déployer de l'énergie pour se changer, de façon à réduire le soi conflictuel. Le schéma montre que le temps contribue généralement à la réduction spontanée du soi conflictuel en faveur du soi intégré ; la sagesse qui vient normalement avec l'âge atténue les conflits psychologiques ou, du moins, les rend moins pénibles. Une personne peut toutefois choisir de travailler plus activement à la réduction de ses conflits intérieurs en ayant recours à des méthodes de croissance personnelle, à la psychothérapie ou à des techniques d'autodéveloppement ; comme elle peut aussi apprendre à vivre avec des conflits non résolus.

Cinquième énoncé

L'actualisation d'une personne adulte s'opère selon deux modalités, soit par l'expansion du **soi intégré**, soit par la réduction du **soi conflictuel** ; dans les deux cas, les clés de l'actualisation sont les mêmes :

- la **disponibilité**, qui consiste en la capacité de **recevoir** l'information de son organisme et du milieu ;
- l'**autonomie**, qui correspond à la capacité de **choisir** ;
- l'**efficacité**, qui équivaut à la capacité d'**agir** pour répondre à ses besoins.

C'est à partir du postulat qu'il existe une tendance à l'actualisation que la théorie présentée ici s'est progressivement construite. Cette théorie présume que toute personne qui cultive sa disponibilité, son autonomie et son efficacité personnelle contribue à s'actualiser en harmonie avec son environnement. La disponibilité désigne l'expérience de la personne dans l'opération qui consiste à **recevoir** ; c'est elle qui permet de recevoir l'information qui circule dans son propre organisme et d'accueillir de façon ouverte, non défensive, l'information en provenance de l'environnement.

L'autonomie désigne l'expérience de la personne dans l'opération qui consiste à **choisir** ; c'est elle qui permet, par un choix personnel, de faire preuve d'une certaine indépendance face aux influences extérieures. L'efficacité désigne l'expérience de la personne dans l'opération qui consiste à **agir** ; c'est elle qui permet de trouver une réponse à ses besoins fondamentaux en tenant compte des contraintes de l'environnement. Les chapitres qui suivent traitent de ces trois éléments.

L'histoire de Tania, présentée dans l'encadré suivant, illustre certains concepts de la théorie psychosociale de l'actualisation chez l'adulte.

L'histoire de Tania

Tania a 20 ans et est étudiante en service social. Elle a eu une enfance perturbée : milieu pauvre, absence du père, rapports incestueux avec la mère jusqu'à l'âge de 14 ans. Sur le plan affectif, elle éprouve de grandes difficultés à faire confiance à tout partenaire, homme ou femme. On la dit secrète et distante. Au cours d'une consultation, elle a reconnu que la notion de soi conflictuel, découverte par la lecture d'un ouvrage de psychologie, correspond parfaitement à ce qu'elle ressent au cours de ses échanges affectifs : anxiété, fébrilité, appréhension intense d'une certaine intimité, tant avec un homme qu'avec une femme.

Sur le plan scolaire, elle réussit bien ; ses études ont toujours été pour elle une source de développement. À 20 ans, elle vient d'entrer à l'université. Voici la raison qui explique son choix de faire du service social, telle qu'elle a été formulée dans sa demande d'admission à l'université : « Je désire me donner une formation professionnelle pour aider les jeunes des milieux défavorisés à s'épanouir. » Toujours selon son propre diagnostic, elle se considère comme intelligente et s'attribue une grande capacité d'écoute, ce qui la rend très optimiste à l'égard de son projet de carrière. Dans cette perception d'elle-même, elle voit une manifestation de son soi intégré. Pour confirmer sa perception d'elle-même, elle cite de nombreux témoignages de ses professeurs et de ses camarades.

Tania doit prendre une décision. Ses relations avec sa mère sont très difficiles et elle désire à tout prix quitter le milieu familial. Sa décision est malaisée à prendre, car Tania subit une sorte de chantage affectif de la part de sa mère qui refuse de se séparer d'elle. Un copain qu'elle aime bien l'a invitée à partager un appartement avec lui. Ils ont des rapports sexuels de façon occasionnelle, mais Tania

→

résiste à s'engager affectivement, ce que le copain respecte. Il est clair que la cohabitation envisagée ne s'apparentera pas à une vie de couple. Chacun aura sa propre chambre et nul n'aura de comptes à rendre à l'autre concernant sa vie affective.

Bien que tout le monde puisse se former une idée sur ce que « devrait » faire Tania, la théorie de l'actualisation présentée plus haut écarte a priori toute solution qui serait en soi plus actualisante qu'une autre. C'est la façon de traiter sa situation et de prendre sa décision qui permettra de déterminer si Tania s'actualise ou non. Elle s'actualisera dans la mesure où elle pourra recevoir sans la déformer l'information qui lui viendra de son propre organisme et de son environnement ; selon qu'elle pourra faire un choix personnel ; et selon qu'elle agira de façon efficace pour répondre à ses besoins fondamentaux.

L'ORGANISME HUMAIN

Pour présenter les trois opérations qui caractérisent le processus d'actualisation — recevoir, choisir et agir —, nous utiliserons un schéma de l'organisme humain. Ce schéma a été élaboré progressivement et diffusé à trois reprises sous des formes préliminaires. Il a d'abord servi à résumer les données de la psychologie fondamentale dans un modèle systémique de l'organisme humain (St-Arnaud, 1979) ; on l'a ensuite utilisé pour discuter des fondements de l'actualisation par rapport aux processus psychologiques de base (St-Arnaud, 1982a) ; enfin, on en a fait usage pour préciser les jalons du développement de la personne vers l'autonomie (St-Arnaud, 1983). La version présentée dans les figures 1.3 (p. 16) et 1.4 (p. 20) permettra, cette fois, d'expliciter le processus d'actualisation chez l'adulte.

La figure 1.3 présente les éléments constitutifs de l'organisme humain. Le plus grand rectangle symbolise l'environnement ou le milieu dans lequel se développe l'individu. Le rectangle intermédiaire représente l'ensemble des processus physiologiques et psychologiques de la personne ainsi que les structures qui se sont créées sous l'effet combiné du déterminisme génétique et du déterminisme socioculturel.

L'organisme comprend un nombre infini de données. Chaque seconde, la personne traite des milliards de bits d'information qu'elle échange avec son milieu. Dans le schéma, les grosses flèches noires dont la pointe est dirigée vers la droite représentent cet échange d'information : la flèche de

FIGURE 1.3 L'organisme et son environnement

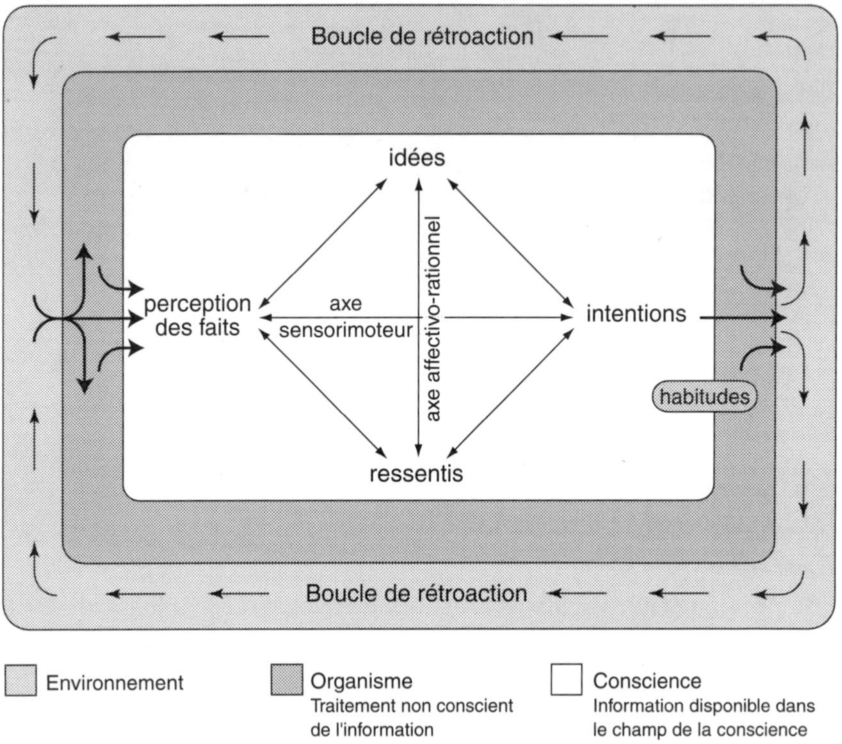

Source : Conception : Yves St-Arnaud ; graphisme : François Ménard et Yves St-Arnaud.

gauche, divisée en trois branches, correspond à l'information que l'organisme reçoit de son milieu ; une partie accède au champ de la conscience (branche horizontale), et une autre partie est captée de façon subliminale[7], c'est-à-dire sans que la personne en soit consciente (deux branches verticales). Les flèches à droite du schéma correspondent à l'information qui part de l'organisme pour aller vers le milieu ; l'information peut être

7. Pinard (1989) s'inspire d'une distinction faite par Chessman et Merikle (1984) entre un seuil subjectif de perception et un seuil objectif de perception pour remplacer les notions équivoques de « subception ou perception subliminale » ; il propose de parler d'un « seuil expérientiel », au-delà duquel l'information accède au champ de conscience de la personne qui perçoit.

transmise consciemment (la flèche qui part du rectangle blanc et aboutit dans l'environnement), ou à l'insu de la personne qui agit (les deux flèches plus petites qui relient l'organisme et l'environnement). Les autres flèches, en traits plus minces, représentent les boucles de rétroaction qui permettent à l'information d'entrer à nouveau dans l'organisme de la personne qui agit.

La plupart des données qui circulent dans l'organisme humain sont inconscientes. C'est le cas, par exemple, des milliers de commandes que le cerveau transmet à la musculature pour permettre la respiration, la digestion, le maintien du tonus vital, etc. Certaines données sont toutefois inconscientes de façon temporaire, tout simplement parce que la conscience ne peut contenir que quelques éléments d'information à la fois. Toutes les données accessibles à la conscience, mais non présentes dans son champ à un moment précis, sont enregistrées dans la mémoire. Ces données sont inscrites dans le cerveau sous forme d'engrammes[8].

Le champ de la conscience, représenté par le plus petit rectangle (blanc), est comparable à un écran intérieur sur lequel se déroule le film de la vie quotidienne. Chaque individu a la capacité de diriger son attention vers les données en provenance de son propre organisme ou vers les données émises par le monde extérieur. L'ensemble des flèches horizontales, à gauche, illustre la double origine des informations qui entrent dans le champ de la conscience. Certaines sont des perceptions d'événements extérieurs influencées par les structures non conscientes de l'organisme ; la grande flèche qui part de l'environnement et traverse la zone obscure de l'organisme symbolise ce type d'informations. D'autres viennent de l'organisme, soit de la mémoire, soit des mouvements corporels, objets des sens internes[9].

Les données d'expérience (tout ce qui apparaît dans le champ de la conscience) se ramènent à quatre types principaux : les perceptions de faits, les idées, les affects, ou ressentis[10] (c'est le terme retenu dans le schéma), et les intentions. Cette classification sera utile pour décrire l'expérience vécue par une personne à un moment précis de son existence. L'expérience humaine étant le reflet conscient du fonctionnement global

8. Selon le *Petit Robert*, un engramme est une « trace laissée dans le cerveau par un événement du passé individuel ».

9. Les rapports entre l'organisme et le champ de la conscience font l'objet de débats opposant plusieurs théories. Dans une monographie de Pinard (1989) intitulée *La conscience psychologique, ses vicissitudes dans l'histoire de la psychologie, sa légitimité scientifique et son rôle dans le développement personnel*, on propose une analyse de ces rapports.

10. Le terme « ressenti » est utilisé pour traduire le terme anglais « *feeling* ».

de l'organisme, il n'existe pas de perception pure, d'idée pure, de ressenti pur ni d'intention pure. Ces quatre éléments peuvent toutefois être considérés comme les ingrédients de base de toute expérience étant donné qu'ils sont les produits de processus psychophysiologiques toujours actifs à l'intérieur d'un organisme humain : les processus de la perception (Delorme, 1982), les processus cognitifs (Fortin et Rousseau, 1989), les processus affectifs (Kirouac, 1989) et les processus de la motivation (Vallerand et Thill, 1993). La description de l'expérience immédiate d'une personne exigera bien sûr un vocabulaire technique plus nuancé (on parlera plus loin d'attribution, d'impression, de projet, de valeur, d'émotion, de désir, etc.), mais, dans chaque cas particulier, on pourra trouver une combinaison, à des degrés divers, de ces quatre données de base, un peu comme on trouverait dans n'importe quelle couleur particulière un mélange des couleurs primaires que sont le jaune, le bleu (cyan) et le rouge (magenta).

Dans la figure 1.3, les flèches qui relient les quatre éléments du champ de la conscience montrent que l'expérience immédiate résulte ordinairement d'une interaction constante entre les quatre processus qui sont à l'origine de l'expérience humaine. Il existe cependant des liens particuliers, que l'étude du cerveau humain a fait ressortir, entre les éléments situés sur l'axe sensorimoteur. Il convient également de souligner la complémentarité qui existe entre les idées et les ressentis, situés sur un même axe affectivo-rationnel.

Cette description serait incomplète sans un mot sur les mécanismes de l'action. Ceux-ci sont représentés par l'ensemble des flèches qui relient la conscience, l'organisme et l'environnement dans la partie droite du schéma. La flèche la plus longue symbolise une action consciente, le passage de l'intention à l'action observable. Elle traverse la zone obscure de l'organisme (rectangle intermédiaire) pour indiquer qu'une action humaine est toujours influencée, à différents degrés, par les structures inconscientes de la personne qui agit ; c'est la partie « déterminée » de l'agir humain. Les flèches recourbées qui relient directement l'organisme à l'environnement représentent les comportements dont l'origine, qui se situe dans l'organisme, est tout à fait inconsciente : les automatismes-comme les réflexes, les actes manqués, etc. Lorsque l'action est orientée principalement par ces données inconscientes, sans que la personne ait même le sentiment d'avoir fait un choix, on parle d'habitude. Les habitudes permettent une gestion très économique des activités quotidiennes puisqu'elles libèrent l'attention pour des tâches plus importantes. En revanche, elles conduisent à la répétition de gestes déjà maîtrisés et, en conséquence, elles ne favorisent pas l'actualisation de nouvelles possibilités.

LES MODES DE TRAITEMENT

Toutes les informations qui circulent dans le champ de la conscience, on l'a vu, relèvent de quatre types de processus psychologiques qui assurent la communication entre l'organisme et le champ de la conscience : les processus de la perception, qui donnent accès aux faits, les processus cognitifs, qui produisent les idées, les processus affectifs, responsables des ressentis (affects), et les processus de la motivation, qui produisent les intentions. Ces quatre processus sont omniprésents et se complètent dans toute expérience immédiate ; ils ne fonctionnent toutefois pas toujours avec la même intensité. Le rapport entre les quatre types de processus peut ainsi varier et déterminer des modes de fonctionnement différents. Chacun de ces modes correspond à une façon particulière d'intégrer l'ensemble des processus psychologiques qui alimentent le champ de la conscience. Ils ont en commun une utilisation maximale du champ de la conscience. En cela, ils se distinguent d'un autre mode de fonctionnement où les données d'expérience sont absentes ou négligeables : le mode automatique. Dans le tableau 1.1, le lecteur trouvera la liste des différents modes.

Il existe cinq modes de fonctionnement conscients d'une personne. Dans les quatre premiers, il y a prédominance d'un type de processus ; celui-ci subordonne, pour ainsi dire, les trois autres. Par exemple, en mode **sensoriel**, le champ de la conscience est mobilisé par les processus de la perception ; en mode **rationnel**, le champ de la conscience est mobilisé par les processus cognitifs ; en mode **affectif**, le champ de la conscience est mobilisé par les processus affectifs et, en mode **intentionnel**, le champ de la conscience est mobilisé par les processus de la motivation. Un cinquième mode, le mode **imaginaire**, intervient quand aucun des quatre processus de base ne domine le champ de la conscience. Tous ces modes sont représentés dans la figure 1.4 (p. 20).

Pour bien distinguer les divers modes de fonctionnement des processus psychologiques de l'organisme, nous attribuerons des couleurs à ces derniers. Considérons d'abord un axe sensorimoteur sans couleur (en

TABLEAU 1.1 Les modes de fonctionnement d'une personne

Mode automatique	Modes conscients
Actes réflexes, comportements stéréotypés ou conditionnés, habitudes, somnambulisme, actions en état d'hypnose, actes manqués, etc.	Mode sensoriel Mode rationnel Mode affectif Mode intentionnel Mode imaginaire

FIGURE 1.4 Les modes de traitement de l'information

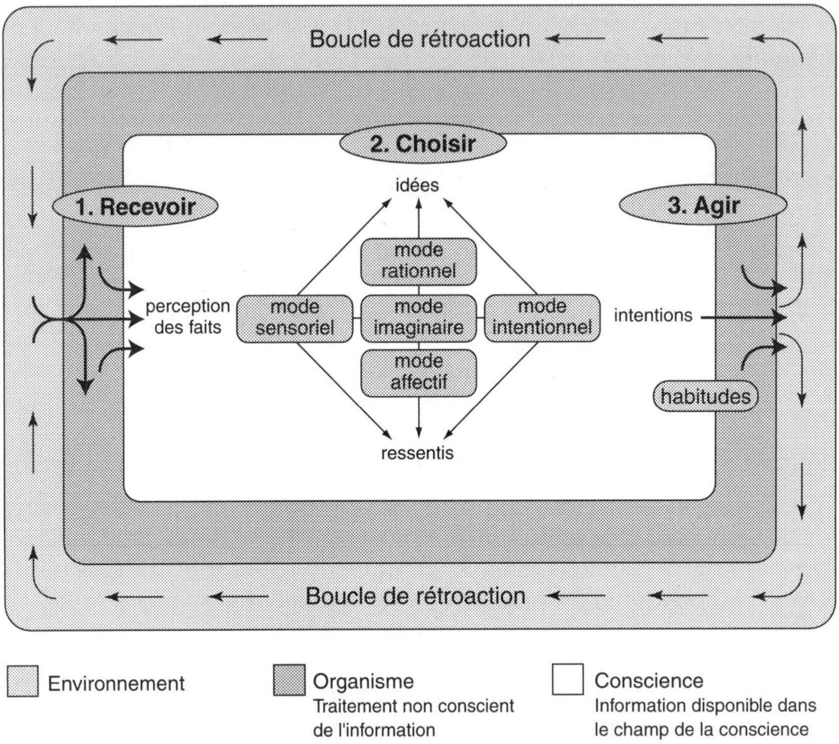

noir et blanc) lorsqu'il se situe en dehors du champ de la conscience. Le noir, par association à la « boîte noire » du cerveau, signifie que l'organisme extrait de l'information de son environnement, et le blanc signifie que l'organisme se manifeste dans le comportement sans la participation active de la conscience. On sait ainsi que la perception subliminale existe : les informations sont enregistrées, mais la personne n'en est pas consciente. Le blanc désigne les réflexes ou les comportements attribuables à un automatisme ; pensons, par exemple, à la dilatation de la pupille dans un environnement sombre ou à l'acte manqué qui révèle une intention dont la personne n'est pas consciente.

Lorsque la personne agit consciemment — on parle alors d'une action plutôt que d'un simple comportement —, quatre couleurs servent à distinguer les processus de base. Le jaune, une des trois couleurs primaires, s'applique au processus de la perception ou à ses produits, à savoir les perceptions de faits. Les processus de l'axe affectivo-rationnel sont représentés par les deux autres couleurs primaires : le rouge pour les processus affectifs et les ressentis qui en résultent, le bleu pour les processus cognitifs et les idées qu'ils engendrent. Enfin, le blanc cassé, teinté de rouge et de bleu, désigne les processus de la motivation et les intentions qui en résultent. Outre le fait qu'il n'existe que trois couleurs primaires, le choix du blanc cassé pour différencier les intentions est significatif. L'intention représente l'aboutissement ultime des processus conscients et inconscients : c'est dans l'action que la personne intègre le résultat du traitement de l'information qu'elle effectue. L'action de pure routine étant achromatique, le blanc cassé, c'est-à-dire un blanc teinté des couleurs associées à l'axe affectivo-rationnel, indique une activité consciente, un mélange des données de l'expérience dans une orientation vers l'action. Si l'on admet que les quatre processus de base sont toujours présents, mais à des degrés différents, on doit admettre également que le jaune pur, le bleu pur ou le rouge pur[11] sont aussi rares que le blanc pur. Dans les prochains chapitres, nous nous attarderons à décrire certaines expériences particulières que nous illustrerons au moyen de combinaisons des couleurs de base. À titre d'exemple, les attributions seront représentées par un mélange de bleu et de jaune (vert), les impressions, par un mélange de rouge et de jaune (orange), les valeurs par un mélange de bleu et de blanc cassé (bleu pastel), les émotions par un mélange de rouge et de blanc cassé (rose). La figure 1.5[12] présente quelques-uns de ces mélanges.

Ce jeu de couleurs permet aussi de visualiser les modes de traitement de l'information. Les quatre premiers modes sont particuliers en ce que leur coloration est composée dans une proportion d'au moins 50 p. 100 de la couleur du processus correspondant (dominant) ; la proportion restante se répartit entre les trois autres couleurs. Ainsi le mode sensoriel est représenté par la gamme des jaunes, le mode rationnel, par la gamme des bleus, le mode affectif, par la gamme des rouges, et le mode intentionnel, par la gamme des blancs cassés. Quant au mode imaginaire, il est représenté par différentes pigmentations dont chacune est en proportion inférieure à 50 p. 100 (gris teintés).

Le mode sensoriel

En mode sensoriel (la gamme des jaunes), toute l'attention d'une personne est dirigée vers la prise d'information en provenance soit de son

11. Dans la langue courante, on appelle « jaune », « bleu » et « rouge » les couleurs primaires, mais en termes techniques, on parle de « jaune », de « cyan » et de « magenta ».
12. Pour des raisons techniques, toutes les figures comportant des couleurs apparaissent dans une même page à la fin du livre.

propre organisme, soit de l'environnement. Toute information qui provient de l'environnement utilise une des modalités sensorielles pour entrer dans le champ de la conscience, à savoir la vue, l'ouïe, l'odorat, le goût ou le toucher ; quant à l'information provenant de son organisme, elle utilise les sens internes, c'est-à-dire le sens organique, le sens de l'équilibre ou le sens du mouvement. Souvent, le traitement de l'information s'effectue tellement rapidement que la personne ne porte pas vraiment attention aux données factuelles. Lorsque l'on fonctionne en mode sensoriel, on dirige délibérément son attention sur ce que l'on perçoit ; on « fait exprès » pour bien regarder, bien écouter, bien enregistrer les mouvements de son corps, etc.

À titre d'exemple, voici comment Gendlin, dans un contexte d'aide professionnelle, utilise ce qu'il appelle le « focusing » pour aider un client à se mettre en mode sensoriel par rapport à son propre organisme :

> J'appelle *focusing* le fait de prendre conscience d'une perception physique interne particulière. Cette perception, je la nomme le *sens corporel.*
>
> Le sens corporel ne se trouve pas normalement en vous. Vous devez le laisser se former. Vous apprendrez comment en écoutant ce qui se passe au-dedans de vous. Lorsqu'il apparaît, il est d'abord vague, indéfini. Grâce à vos soins, il peut s'éclaircir et se transformer. Le sens corporel est la perception physique d'un problème ou d'une situation particulière. (Gendlin, 1992, p. 27.)

Le mode sensoriel peut aussi apparaître par rapport à un objet extérieur à soi. C'est le cas, par exemple, quand on contemple paisiblement un paysage ou une œuvre d'art sans éprouver de ressenti particulier et sans exercer d'autre activité mentale. C'est encore le cas lorsque toute notre attention est consacrée à distinguer les mots que prononce un interlocuteur à peine audible au cours d'une communication téléphonique défectueuse.

Le schéma de l'organisme humain présente une nette distinction entre les processus de la perception et les processus cognitifs. Dans la vie courante, on fait rarement la différence entre un fait, produit de la perception, et une interprétation, produit des processus cognitifs. On dira, par exemple, que l'on a vu une personne en insulter une autre, sans se rendre compte qu'il s'agit là d'une interprétation et non d'un fait perçu : le fait perçu est la parole entendue ; l'interprétation de ce fait comme une « insulte » suppose une activité mentale plus élaborée que la simple perception, une activité qui consiste à attribuer une signification particulière à l'événement. Dans le contexte des relations humaines, le terme « attribution » est couramment utilisé pour signifier que les données factuelles — par exemple, le comportement d'une personne — font l'objet d'une interprétation de la part de celui qui perçoit. Vallerand (1994) définit l'attribution comme « une inférence ayant pour but d'expliquer *pourquoi* un événement a eu lieu ou encore qui essaie de déterminer les dispositions d'une personne » (p. 263).

Il peut paraître simple de distinguer le fait perçu de l'interprétation, mais il est étonnant de constater à quel point il est difficile d'opérer cette distinction dans la vie courante. Pourtant, celle-ci facilite grandement les rapports humains lorsque l'on s'applique à la faire ; chose certaine, elle est nécessaire pour qui aspire à une certaine objectivité. Par exemple, dans une discussion, il est pertinent de s'entendre d'abord sur les faits avant d'examiner les interprétations que l'on donne à ces faits. Le retour aux faits suscite souvent le commentaire suivant : « Ah, c'est ça que tu voulais dire ! » L'habitude prise par des interlocuteurs d'illustrer par des faits leurs interprétations facilite leur communication.

Les autres processus psychologiques influencent la perception, comme on le verra au chapitre 2, où l'on traite de la réception. L'attribution, dont il a déjà été question précédemment, illustre cette influence. Un autre exemple : l'analyse requise pour diriger son attention vers tel ou tel aspect de la réalité perçue. Ainsi je n'écoute pas de la même façon une personne que je considère comme digne d'intérêt et une autre que je tiens pour insignifiante. La perception est aussi influencée en partie par les ressentis. À titre d'illustration, je perçois différemment l'information qu'une personne me fournit selon que j'aime ou non cette personne. Enfin, les intentions du moment colorent aussi la perception. Par exemple, l'attention que je porte à ce que je vois est bien différente quand je cherche mon chemin et quand je fais une balade sans destination précise. À la figure 1.6 (voir à la fin du livre), on peut constater que le jaune est dominant lorsqu'une personne est en mode sensoriel ; une gamme de jaunes refléterait l'articulation des différents processus psychologiques lorsqu'ils sont subordonnés à la perception des faits.

Le mode rationnel

Lorsqu'une personne est en mode rationnel (la gamme des bleus), toute son attention est utilisée pour analyser les données, réfléchir, évaluer, juger, raisonner, interpréter, etc. Les processus cognitifs mobilisent le champ de la conscience et subordonnent les autres processus psychologiques.

Même en mode rationnel, il n'y a jamais de raisonnement pur et tous les autres processus interviennent indirectement : on ne peut penser sans se référer à des données perçues, sans que le jugement ne soit affecté par les ressentis du moment, sans que des intentions n'orientent la pensée. Cependant, lorsqu'une personne est en mode rationnel, les processus cognitifs ne sont pas touchés au point d'être paralysés ou perturbés dans leur fonctionnement normal. Ainsi une personne doit être en mode rationnel pour affirmer ceci : « Bien que ce soit pénible de l'admettre, je reconnais que je me suis trompé dans mon évaluation de la situation et que je n'ai pas tenu compte de tel fait que l'on m'avait pourtant rapporté. » À la figure 1.7 (voir à la fin du livre), on peut constater que le bleu est dominant lorsqu'une personne est en mode rationnel. Une gamme de bleus refléterait l'articulation des différents processus psychologiques lorsqu'ils sont subordonnés aux processus cognitifs.

Le mode affectif

Lorsqu'une personne se trouve en mode affectif (la gamme des rouges), le champ de la conscience est principalement mobilisé par les sentiments et les émotions, au point où les autres processus peuvent être inhibés ou perturbés. Les ressentis ne sont pas des produits isolés ; ils sont souvent reliés directement à des perceptions en provenance soit de l'organisme, soit de l'extérieur. Une personne pourrait, par exemple, décrire de la façon suivante un moment de sa vie où elle était en mode affectif : « Lorsque je l'ai vu faire telle chose, cela m'a mis dans tous mes états et j'ai réagi sans pouvoir peser les conséquences de mon geste. » Si cette personne réussit à développer une certaine habileté à discerner ses différents modes de traitement et à les maîtriser, elle parviendra à augmenter son autonomie en déterminant elle-même le mode de traitement qui lui convient. Par exemple, dans l'expérience citée plus haut, le passage « sans pouvoir peser les conséquences » pourrait être remplacé par « mais j'ai réussi à garder la tête froide ».

Le mode affectif suppose aussi la participation des autres processus. En cas de danger ou d'urgence, par exemple, la peur peut déclencher un comportement de fuite. Mais cette peur suppose un jugement : on attribue un caractère dangereux à la situation perçue. À la différence du mode rationnel, où l'on traite l'information de façon consciente et relativement lente — de façon réfléchie —, le mode affectif offre un contexte où le traitement s'effectue à l'arrière-plan du champ de la conscience et de façon très rapide : l'organisme utilise les règles d'interprétation présentes dans la mémoire biologique sans passer par le champ de la conscience. Ces règles proviennent de schémas héréditaires ou de l'influence du milieu. Plus rapide et ordinairement plus spontané que le traitement cognitif, le traitement affectif est une sorte de réaction immédiate aux éléments perçus.

Enfin, les ressentis sont aussi influencés par les intentions. Par exemple, j'ai l'intention d'aider une personne en difficulté et cette intention a pour effet d'atténuer le sentiment de tristesse ou de colère que j'éprouve en réaction à une remarque déplaisante que quelqu'un a faite à mon endroit ; ou, inversement, je souhaite tellement venir en aide à la personne que je deviens impatient quand je me rends compte qu'elle ne considère pas les avis que je lui donne. À la figure 1.8 (voir à la fin du livre), on peut constater que le rouge est dominant lorsqu'une personne est en mode affectif. Une gamme de rouges refléterait l'articulation des différents processus psychologiques lorsqu'ils sont subordonnés aux processus affectifs.

Le mode intentionnel

Lorsqu'une personne est en mode intentionnel (la gamme des blancs cassés), son attention est mobilisée par l'action en cours. À cause des habitudes acquises, de nombreux gestes peuvent être faits de façon routinière sans qu'il soit nécessaire d'être en mode intentionnel. Tout se passe comme si la personne avait branché un pilote automatique. Lorsqu'une action est exécutée consciemment, la personne passe au pilotage manuel et toute son attention est mobilisée pour évaluer et, au besoin, corriger son action selon ses intentions ; on dit alors qu'elle est en mode intentionnel. Par exemple, la conduite d'une voiture sur une autoroute où la circulation est rare autorise pour ainsi dire le conducteur à se fier à ses habitudes et à conduire distraitement. Il peut même utiliser un régulateur de vitesse pour ne plus avoir à surveiller la pression exercée par son pied sur l'accélérateur. Tout en conduisant, il peut alors réfléchir à une question ou se délecter de la beauté du paysage. Mais s'il se présente un passage dangereux, toute son attention est requise pour diriger son action et il doit passer du pilotage automatique au pilotage manuel. Il est alors en mode intentionnel. C'est encore le mode intentionnel qui intervient quand, au cours d'une discussion, une personne évalue constamment l'effet de ses paroles sur son interlocuteur en vue d'obtenir ce qu'elle souhaite.

On pourrait aussi considérer le mode intentionnel comme un mode cybernétique lorsque l'on prend en considération l'axe sensorimoteur : la perception exerce une influence constante sur l'action. De la même façon qu'un thermostat décode le degré de température et modifie le fonctionnement du système de chauffage pour maintenir un degré de chaleur approprié, la personne en mode intentionnel enregistre ses propres mouvements et les évalue selon les effets visés. Ceux-ci peuvent être évalués par rapport à différents types d'intentions. Au chapitre 3, on verra que l'intention prend la forme d'un projet lorsqu'elle résulte d'un traitement en mode rationnel, et qu'elle prend la forme d'un désir lorsqu'elle résulte d'un traitement en mode affectif. Au chapitre 4, on verra en outre que l'efficacité d'une interaction est liée à la capacité de nommer adéquatement ses intentions et donc de demeurer en mode intentionnel. À la figure 1.9 (voir à la fin du livre), on peut voir que le pastel symbolise une gamme de blancs cassés. Cette gamme reflète l'articulation des différents processus psychologiques lorsqu'ils sont subordonnés aux processus de la motivation.

Le mode intentionnel présuppose que les intentions ne sont pas perturbées par les autres processus. Sur le plan de l'action, il arrive souvent qu'une planification élaborée en mode rationnel n'ait plus aucun effet en mode intentionnel. C'est l'éternel conflit entre « ce que je devrais faire » et « ce que j'ai le goût de faire ». Par exemple, une action qui devait être l'objet d'une décision rationnelle, une « résolution », est perturbée lorsque la « tentation d'agir à l'encontre de cette décision devient trop forte ». La personne ne peut alors demeurer en mode intentionnel et doit retourner aux modes rationnel et affectif afin de reconsidérer ses choix.

Le mode imaginaire

Le mode imaginaire est différent des quatre modes précédents, qui ont en commun la prépondérance d'un des quatre types de processus psychologiques de base. Le mode imaginaire, quant à lui, est situé au centre des deux axes qui réunissent les processus psychologiques. Dans ce mode, les quatre processus de base sont actifs, mais la personne se trouve dans un état particulier qui n'exige aucune mobilisation de l'attention par l'un ou l'autre. En mode imaginaire, il se produit une sorte de libre circulation de l'information dans le champ de la conscience, si bien que la personne expérimente une succession rapide et, souvent, sans ordre logique des perceptions de faits (ou images), des ressentis, des idées et des intentions. À la figure 1.10 (voir à la fin du livre), on peut constater que le gris est dominant lorsqu'une personne est en mode imaginaire. Une gamme de gris refléterait l'articulation des différents processus psychologiques quand aucun d'eux ne subordonne les autres.

Le mode imaginaire est au centre de l'axe sensorimoteur. Il s'alimente de données approximatives perçues directement ou réactivées à partir de la mémoire. La personne en mode imaginaire ne se préoccupe pas de valider ses perceptions. Celles-ci peuvent être déformées pour répondre à des désirs ou permettre des simplifications. En mode imaginaire, on peut aussi nourrir des intentions plus ou moins réalistes au cours d'une période exploratoire préparant à l'action. À l'inverse du mode intentionnel, le mode imaginaire a pour effet de retarder l'action, dans certains cas pour mieux en considérer les différentes facettes — on parle, par exemple, d'imagination créatrice —, dans d'autres pour éviter les risques inhérents à l'action : risque de se tromper, risque d'être déçu, risque de ne pas être à la hauteur de ses attentes, etc. Le mode imaginaire peut s'avérer très utile lorsqu'une personne doit faire un choix personnel, mais il peut aussi retarder de façon excessive une action lorsque le sujet s'enferme dans la rêverie. Le choix personnel a pour effet de substituer au mode imaginaire un mode intentionnel, en temps opportun.

Le mode imaginaire se trouve aussi au centre de l'axe affectivo-rationnel. L'être humain a la capacité de se dissocier temporairement des contraintes de la réalité pour « rêver » ou faire des scénarios non conformes aux lois de la nature. Le mode imaginaire est à la fois plus créateur que le mode rationnel et plus articulé que le mode affectif. Par exemple, dans une rêverie fantaisiste, il est possible d'inventer des faits qui ne respectent pas les lois de la nature : on peut voler comme un oiseau, par exemple, sans se laisser distraire par le manque évident de conformité avec la loi de la gravité ; on peut également faire des liens farfelus sans que le besoin de cohérence ne souffre du manque de logique des raisonnements. Le mode imaginaire est aussi plus articulé que le mode affectif. En effet, bon nombre de techniques utilisées en psychothérapie ou en croissance personnelle recourent à la fantaisie guidée pour aider une personne perturbée par un état émotif à retrouver son pouvoir personnel. Par exemple, une personne envahie par l'anxiété dans certaines circonstances de sa vie pourra, par l'imagination, s'approcher progressivement des situations anxiogènes sans perdre la maîtrise de ses ressentis.

LES TROIS CLÉS DU PROCESSUS D'ACTUALISATION

Dans la figure 1.4, les trois clés du processus d'actualisation sont représentées — et numérotées de 1 à 3 — par des ellipses placées à des endroits respectant leur séquence logique. Le processus d'actualisation consiste en une orchestration des différents modes de fonctionnement de l'organisme au service du développement de la personne. On peut ainsi entrer en mode sensoriel sans qu'il soit précisément question d'un processus d'actualisation. C'est le cas lorsqu'une personne est stimulée par son environnement ou par ce qui se passe dans son propre organisme, sans que ses perceptions ne l'entraînent à faire quelque choix que ce soit. Le processus d'actualisation est enclenché chez un individu lorsque certaines des données perçues — événement, expérience particulière, mouvement corporel — l'incitent à se situer personnellement, à s'affirmer comme un être autonome en faisant des choix personnels, puis à agir pour répondre à ses besoins. C'est à ce moment que l'on peut observer un enchaînement particulier des différents modes de fonctionnement de l'organisme qui ont pour effet l'actualisation de nouvelles possibilités chez la personne concernée.

Le processus d'actualisation comprend trois opérations distinctes : recevoir, choisir et agir. Chacune de ces opérations suppose une coordination et une intégration particulière des quatre processus psychologiques de base ; tantôt ces processus correspondent à un mode particulier de fonctionnement de l'organisme, tantôt ils forment une combinaison de plusieurs modes. La numérotation de 1 à 3 indique un enchaînement logique, mais, dans la réalité, la succession est rarement linéaire, l'enchaînement pouvant prendre la forme d'un va-et-vient continuel entre les trois opérations.

Recevoir

La première opération du processus d'actualisation, qui consiste à recevoir, concerne la prise d'information. La personne se place délibérément en mode sensoriel : elle écarte les distractions, empêche le passage trop rapide aux autres modes de traitement. Par exemple, elle diffère le plus possible les jugements et ne se laisse pas influencer par ses réactions affectives. L'intention typique de la personne qui s'engage activement dans un processus d'actualisation est d'être bien informée, de faire face à la réalité, de bien entendre ce qu'on lui dit, de recevoir les messages de son propre organisme, etc.

Les processus cognitifs contribuent à cette opération : la personne vérifie continuellement l'exactitude de ses perceptions, la validité de ses interprétations factuelles ; elle trouve également des moyens d'augmenter la qualité ou la quantité de l'information reçue. La situation de la personne qui se met en mode sensoriel est comparable à celle du photographe qui calcule le degré de luminosité dont il a besoin et ajuste son appareil en conséquence, qui choisit l'angle de la prise de vue, etc. Par rapport à la prise d'information interne, il existe différents moyens d'augmenter la qualité de la réception. Le « focusing » (Gendlin, 1992), que nous avons abordé précédemment, est une technique spécialement conçue pour aider une personne à laisser son organisme lui parler.

Les processus affectifs sont aussi au service de la réception. La personne « prend soin d'elle-même » lorsqu'elle se donne du temps pour recevoir les messages de son organisme. Dans les moments plus difficiles, lorsque les ressentis sont trop pénibles ou se révèlent une source d'anxiété, le choix de se faire accompagner par une personne de confiance ou dont on sent le respect peut aussi augmenter la qualité de la réception. Une relation d'aide professionnelle sera parfois nécessaire pour aider certaines personnes qui ont de la difficulté à demeurer en mode sensoriel face à elles-mêmes, à trouver une voie d'accès à des zones perturbées de leur organisme.

Le chapitre 2 décrit avec plus de précision cette première opération du processus d'actualisation ; il traite des processus de la perception et des particularités de la réception selon qu'elle porte sur les éléments en provenance de son propre organisme ou de l'environnement.

Choisir

Cette deuxième opération est au cœur même du processus d'actualisation, qui, par définition, consiste en une activité d'autodétermination. Cette opération est tributaire de la réception, déjà décrite, et elle donne à l'action une qualité particulière qui la distingue nettement d'une activité routinière ou exécutée par habitude. L'expérience de choisir prend différentes formes : elle est tantôt rapide et spontanée, « dans le feu de l'action » ; elle est tantôt lente et soumise à une longue délibération avec soi-même. Les principales caractéristiques d'un choix personnel, considéré comme source d'actualisation, sont présentées et illustrées au chapitre 3. On peut déjà préciser ce qui différencie le « choisir » des deux autres composantes du processus d'actualisation, soit le « recevoir » et l'« agir ». Tandis que ces deux dernières opérations consistent à se maintenir en un mode particulier de traitement de l'information—le mode sensoriel, pour l'opération « recevoir », et le mode intentionnel, pour l'opération « agir »—, l'opération « choisir », au contraire, alterne délibérément entre tous les modes de traitement, et, de façon plus systématique, entre les modes de l'axe affectivo-rationnel—les modes rationnel, affectif et imaginaire.

On constate des différences, d'un individu à l'autre, dans l'utilisation des processus psychologiques au moment où s'opère un choix personnel : certaines personnes fonctionnent de façon très rationnelle, voire hyperrationnelle, appuyant leur action sur des principes et des valeurs très bien définis ; d'autres accordent une importance prépondérante au ressenti pour orienter leur action, attendant toujours de se sentir à l'aise avec celle-ci avant d'entreprendre quoi que ce soit. Enfin, certains utilisent davantage le mode imaginaire, prenant la majorité de leurs décisions d'après une représentation globale et imprécise de la réalité. Quelques-unes des méthodes mises au point pour aider une personne à faire un choix personnel privilégient l'une ou l'autre manière d'utiliser les processus psychologiques. Ainsi la méthode de solution de problème de Carkhuff (1978) met l'accent sur les processus cognitifs en invitant le client à faire une analyse systématique de leurs avantages et de leurs inconvénients, tandis que la méthode « centrée sur la personne » (Rogers, 1951 ; Gendlin, 1992 ; Friedman, 1982) invite plutôt le client à s'ouvrir à son expérience et à la laisser se déployer jusqu'à ce qu'il se sente à l'aise avec son choix.

Quelles que soient les différences individuelles dans l'utilisation des processus psychologiques, la qualité des choix personnels semble augmenter quand le sujet arrive à se placer alternativement en mode rationnel et en mode affectif au cours de la délibération qui précède son choix. Cela est particulièrement vrai lorsque le processus de choisir exige d'établir un équilibre entre ce qui est raisonnable et ce qui est attirant. Le processus d'actualisation suppose que l'on utilise pleinement les processus cognitifs et affectifs : les premiers, pour intégrer principes et valeurs dans son action et pour répondre aux exigences de son environnement socioculturel ; les seconds, pour s'assurer que son action répondra aux exigences de son propre organisme par la satisfaction des besoins fondamentaux.

Le mode imaginaire peut aussi contribuer à la délibération avec soi-même. En effectuant, par exemple, des simulations imaginaires sans conséquences sur le plan de l'action, la personne peut évaluer avec plus de précision l'intensité des désirs qui résultent d'un traitement en mode affectif ou la pertinence des projets qui résultent d'un traitement en mode rationnel.

Par rapport aux processus de la motivation, l'opération de choisir consiste précisément à mettre fin à la délibération et à passer à l'action. Mais avant d'opérer un tel passage, l'expérience de choisir implique aussi de mettre de l'ordre dans ses intentions. Le choix est parfois harmonieux et relativement facile à faire lorsque les différents modes de traitement aboutissent à des intentions relevant tant du mode cognitif que du mode affectif. C'est le cas, par exemple, lorsque projet et désir s'harmonisent, lorsque plaisir et devoir se rencontrent dans une même action. Il est plus difficile de choisir lorsque les modes rationnel et affectif aboutissent à des intentions contradictoires, le désir allant à l'encontre d'un projet ou, inversement, le projet ayant pour effet de ne pas satisfaire un désir. Chacun sait que le projet de moins ou de mieux manger n'entraîne pas pour autant une diminution du désir de manger ses mets préférés.

Dans un processus d'actualisation, le traitement de l'information peut être abstrait et n'avoir qu'une relation lointaine avec l'action, mais le passage à l'action demeure primordial. C'est pourquoi l'élément « choix personnel » revêt autant d'importance : il fait la transition entre l'information reçue (les perceptions de faits) et l'action, il permet de déterminer une intention. Dans le chapitre 3, qui porte sur cette deuxième opération du processus d'actualisation, on distingue plusieurs types d'intentions, on précise la notion de choix personnel et l'on propose huit critères pour évaluer la qualité d'un choix personnel.

Agir

Enfin, la troisième opération du processus d'actualisation consiste à agir. Cette opération correspond au passage de l'intention au comportement observable. Dans l'action, la personne interagit avec son environnement pour réaliser ses intentions. L'action est souvent le test ultime de la qualité des choix qui ont été faits lors du traitement de l'information. On fera une nette différence, par exemple, entre le mouvement de velléité d'une personne qui prend régulièrement des résolutions sans jamais passer aux actes, et l'engagement, qui amène le sujet à se compromettre, à se « mouiller », comme on dit couramment. C'est dans l'action que la personne s'actualise pleinement, à la condition, bien sûr, que cette action soit consciente et régie par le mode intentionnel. Une telle action s'appuie sur un choix personnel qui, lui-même, suppose une prise d'information appropriée et valide. Une action est donc source d'actualisation lorsqu'elle résulte d'un choix éclairé.

L'« agir », à l'instar du « recevoir », fait appel à un mode de traitement particulier. L'amorce du processus d'actualisation supposait que la personne se maintienne en mode sensoriel ; sa conclusion, quant à elle, se produit en mode intentionnel, ou cybernétique. Toute action est, en quelque sorte, un dialogue entre la personne et son environnement. Aucune préparation ne peut tenir compte de tous les éléments de la situation particulière dans laquelle l'action se déroule, si bien qu'une personne incapable de tolérer un certain degré d'incertitude serait incapable de passer à l'action. Le processus d'actualisation serait alors interrompu. Étant donné le degré d'incertitude relié à l'autodétermination, l'action, pour être actualisante, doit être continuellement évaluée et corrigée à partir des informations nouvelles qui résultent de cette même action.

Comme c'était le cas pour les opérations précédentes, l'action fait appel à plusieurs types de processus psychologiques. Par l'action menée consciemment, soumise au mode intentionnel (cybernétique), le processus d'actualisation se complète et devient un cercle d'actualisation : le comportement devient objet de perception et l'information recueillie est traitée rapidement, par l'intervention des modes affectif et rationnel, de façon à maintenir ou à corriger l'action. Si des données nouvelles viennent interrompre l'équilibre établi par le choix personnel, la personne a la possibilité de se replacer en mode sensoriel, de passer ensuite aux modes de l'axe affectivo-rationnel pour traiter une nouvelle fois l'information et refaire un nouveau choix avant de revenir au mode intentionnel.

Dans le chapitre 4, qui porte sur cette troisième opération du processus d'actualisation, on relie l'action à la satisfaction des besoins fondamentaux de la personne et l'on présente une méthode visant à augmenter l'efficacité de l'action.

CONCLUSION

Le processus d'actualisation consiste essentiellement à gérer de façon aussi consciente que possible les processus naturels de son propre organisme, grâce à trois opérations : recevoir, choisir et agir. Chacune de ces opérations confère à l'expérience humaine une qualité particulière : la disponibilité, l'autonomie et l'efficacité.

À la figure 1.11, on trouve un résumé de l'ensemble des opérations qui contribuent à l'actualisation d'une personne. On y apprend également que le chapitre 2 traite de l'opération « recevoir » et de la disponibilité ; que le chapitre 3 porte sur l'opération « choisir » et l'autonomie ; enfin, que le chapitre 4 concerne l'opération « agir » et l'efficacité. Les énoncés qui apparaissent dans les encadrés reliés aux trois opérations présentent l'idée maîtresse de chacun des chapitres.

FIGURE 1.11 Le processus naturel d'actualisation

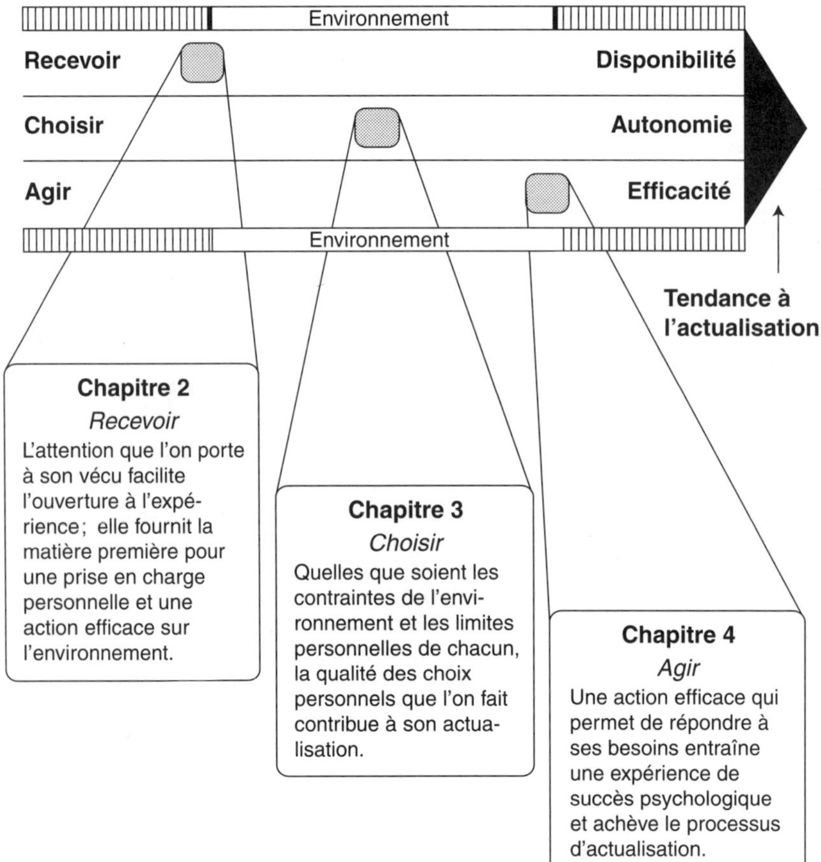

CHAPITRE 2

RECEVOIR

Notre organisme travaille pour nous.

La première caractéristique d'une personne engagée dans un processus d'actualisation est la disponibilité, la capacité de recevoir deux types d'information : celle qui émane de son propre organisme et celle qui vient de l'environnement.

D'abord et avant tout, une précision s'impose quant à la notion de recevoir : les recherches sur la perception démontrent que celle-ci, bien qu'elle évoque une attitude passive, est un processus actif qui consiste à extraire de l'information de son propre organisme — par l'intermédiaire des sens internes — et de l'environnement — par l'intermédiaire des sens externes. Qui plus est, il s'agit là d'un processus sélectif.

Dans un traité sur la perception, Delorme (1982) présente les principales théories sur le sujet. Certaines, plus que d'autres, insistent sur le rôle actif de tout l'organisme dans la prise d'information ainsi que sur le caractère sélectif de la perception. Les deux citations suivantes sont explicites à cet égard.

> Pour Piaget, l'illusion n'est pas une exception, elle est la règle. Aussi s'est-il longuement attardé à montrer le caractère essentiellement « déformant » de la perception qu'il a opposé au caractère « conservant » de l'intelligence. (P. 35.)
>
> [...]
>
> Bien qu'élaborée par A. Ames, la théorie transactionnaliste a été surtout présentée par Ittelson (1960) [...] le percevoir est une partie du processus vital par lequel chacun d'entre nous, partant de son point de vue propre, crée pour lui-même le monde dans lequel il éprouve ses expériences de vie et à travers lequel il recherche ses satisfactions. (P. 38-39.)

Delorme fait également référence à une théorie, bien classique, de Allport qu'il résume par les six propositions suivantes, chacune ayant donné lieu à un nombre important de recherches :

- Les besoins corporels tendent à déterminer ce qui est perçu.
- La récompense et la punition associées à la perception d'objets tendent à déterminer ce qui est perçu.
- Les valeurs caractéristiques d'un individu tendent à déterminer la vitesse de reconnaissance de mots associés à ces valeurs.
- La valeur que prend un objet pour un individu tend à déterminer sa grandeur apparente.
- La personnalité d'un individu le prédispose à percevoir les choses d'une manière conforme à ses caractéristiques personnelles.
- Les stimuli verbaux troublants ou menaçants émotivement tendent à requérir un temps de reconnaissance plus long que n'en requièrent des mots neutres. Leur forme et leur signification tendent à être perceptivement altérées. Ces mots provoquent des réactions émotionnelles avant même d'être perçus. (P. 44-45.)

En raison de ces particularités de la perception humaine, une réception « haute-fidélité » suppose une interaction entre celui qui perçoit et l'objet de sa perception. Il est parfois utile de comparer l'oreille et l'œil au microphone et à la caméra d'un appareil audiovisuel, mais la comparaison ne tient plus lorsque l'on aborde la question de la haute fidélité. La haute fidélité d'un système audiovisuel — qui vise l'enregistrement le plus fidèle possible du signal sonore et du signal visuel — peut être obtenue par le perfectionnement du processus linéaire qui commence à la source et aboutit à la bande sur laquelle se fait l'enregistrement ; il faut, en priorité, éliminer toute rétroaction dans le système. La haute fidélité de la perception humaine est différente. Elle suppose un processus circulaire où la personne interagit avec la source d'information, vérifiant par une rétroaction appropriée si elle a bien saisi la réalité qui constitue l'objet de sa perception.

Dans le domaine de la communication, Rogers et Stevens (1967) démontrent la complexité du processus de perception en proposant un exercice de groupe où chacun des interlocuteurs doit s'imposer la règle suivante : avant de donner son opinion sur le sujet discuté, on doit d'abord reformuler, à la satisfaction de l'émetteur, ce que ce dernier vient de dire. Si le message est bien reçu, la discussion se poursuit. Dans le cas contraire, l'émetteur répète son message jusqu'à ce qu'il puisse constater qu'il a été compris adéquatement. Ceux qui se livrent à cet exercice expriment ordinairement leur étonnement face à la difficulté de reformuler adéquatement l'information qu'ils reçoivent. Ils découvrent, de façon concrète, les phénomènes de perception sélective et le processus circulaire qui permet une perception adéquate.

L'objectivité, qui consiste à réduire le plus possible les déformations de la réalité qui résultent de la perception, est toujours relative et trouve son terrain de prédilection dans l'interaction. Ainsi, le praticien qui adopterait le préjugé de la « haute fidélité linéaire » et qui miserait uniquement sur la clarté formelle du langage pour transmettre son information s'exposerait à une alimentation très pauvre des systèmes auxquels il destine cette information. Lewin (1959) a fondé toute la dynamique des groupes — secteur important de la psychologie sociale — sur ce principe : le traitement de l'information est d'autant plus adéquat qu'il est interactionnel.

La première opération du processus d'actualisation consiste à recevoir, donc à extraire, toute l'information disponible. Une personne s'actualise 1° dans la mesure où elle reçoit, sans la déformer, l'information qui lui vient de son propre organisme et 2° dans la mesure où elle reçoit, de façon non défensive, l'information en provenance de son environnement.

EN PROVENANCE DE SON ORGANISME

Différents termes sont utilisés, en psychologie, pour désigner la capacité de recevoir l'information en provenance de son propre organisme. On parle de congruence, de *focusing*, d'ouverture à l'expérience, de contact avec soi-même, d'introspection, etc. Le terme « disponibilité » est utilisé ici pour souligner la libre circulation de l'information à l'intérieur de l'organisme[13].

La disponibilité, spontanée chez l'enfant, devient de plus en plus difficile à atteindre à mesure que le sujet avance en âge. Les normes du milieu et les tabous de toutes sortes viennent lui faire obstacle. Par exemple, bon nombre de personnes manifestent une réticence culturelle à s'intéresser à l'information que leur fournit leur propre organisme : méfiance face à l'irrationnel, appréhension des émotions, crainte de l'égocentrisme, peur de trop s'écouter, etc.

Les réticences éprouvées face à l'écoute de soi reposent ordinairement sur une ambiguïté. On suppose que la personne qui est à l'écoute d'elle-même agira en obéissant automatiquement à ses impulsions, sans tenir compte de rien d'autre, à la façon d'un enfant. Or, le fait est bien

13. Selon le *Petit Robert*, la personne disponible est celle « dont l'action, le jugement, les sentiments peuvent se modifier librement ; qui n'est liée ou engagée par rien ».

connu, c'est l'inverse qui se produit. Plus une personne adulte et en santé psychologique est capable de recevoir sur-le-champ les messages de son organisme — par exemple, de vivre ses émotions —, plus elle peut intégrer ceux-ci dans un processus décisionnel régi aussi bien par le mode rationnel que par le mode affectif. C'est l'accumulation de messages non décodés ou refusés — répression, refoulement — qui conduit au manque de contrôle, voire à l'éclatement, lorsque la pression accumulée devient intolérable pour l'organisme.

Certains modèles culturels ou scientifiques contribuent à accroître, chez le sujet, la méfiance à l'égard de son organisme. Ces modèles placent en opposition, d'une part, l'orientation spontanée de l'énergie vitale de l'organisme humain (la bioénergie), qui se manifeste souvent à l'état brut dans le mode affectif, et, d'autre part, les mécanismes de contrôle qui caractérisent le mode rationnel. Ces modèles considèrent l'actualisation d'une personne comme la résolution plus ou moins heureuse de conflits intérieurs successifs. On conçoit une énergie psychique[14] nommée instinct, pulsion, libido, id, etc., dont l'orientation naturelle ne favorise pas l'actualisation du sujet et qui doit être réorientée pour que cette actualisation s'opère. Chez l'enfant, dont le moi est en formation, ce sont les adultes qui exercent le contrôle. La psychologie freudienne a démontré comment l'enfant introjecte progressivement les normes de son milieu pour contrôler ses pulsions. Il en résulte une longue lutte entre un surmoi culpabilisant et des instincts rebelles.

Le schéma de la figure 2.1 décrit cette conception et illustre l'opposition qui existe entre l'orientation énergétique, que représente l'axe horizontal, et les structures de contrôle, que représente l'axe vertical. L'actualisation, selon cette conception, consisterait à résoudre les conflits successifs vécus au cours de l'enfance. La psychologie freudienne décrit, par exemple, une succession de phases — orale, anale et phallique — dont la résolution, plus ou moins réussie, explique la personnalité. À la figure 2.1, l'actualisation est symbolisée par une flèche brisée qui illustre les séquelles, dans la structure de la personnalité, des solutions apportées aux conflits durant ces trois phases. Les séquelles sont attribuées aux déséquilibres qui existent entre les deux composantes du modèle : soit au débordement pulsionnel mal contrôlé (rapprochement de l'axe horizontal du schéma), soit au contrôle trop rigide (rapprochement de l'axe vertical du schéma). La résultante, à l'âge adulte, peut consister en un équilibre retrouvé ou, au contraire, en une pathologie permanente.

---

14. Pour une discussion approfondie de la notion d'énergie en psychologie, voir Y. St-Arnaud, *Psychologie, modèle systémique*, Montréal, Les Presses de l'Université de Montréal, chap. 4, 1979.

FIGURE 2.1 Le modèle conflictuel de l'actualisation

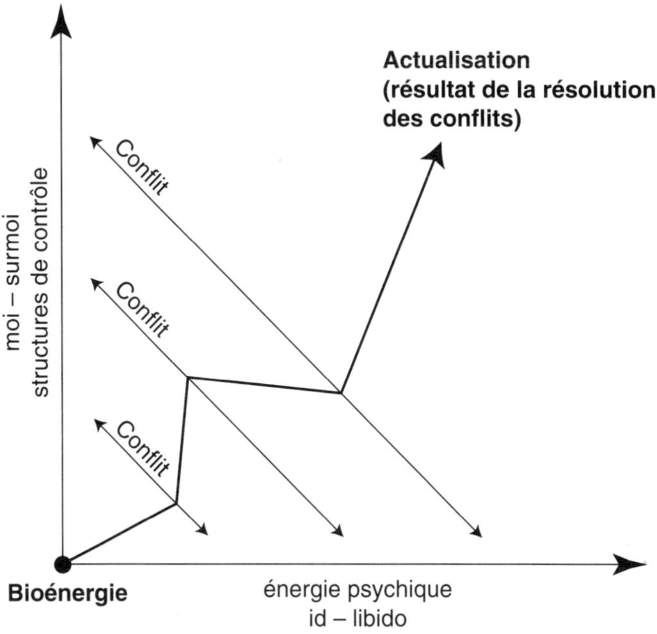

Certains modèles religieux expriment le même genre de tension en supposant, par exemple, l'existence d'une faute originelle qui aurait eu pour conséquence que chaque individu entre dans un « monde cassé » où il doit lutter contre des tendances négatives pour s'actualiser. Dans cette théorie, la tendance naturelle aurait pour effet de maintenir la personne à un niveau inférieur de développement moral et social et c'est en s'imposant, par un exercice de volonté (structure de contrôle), des contraintes inspirées de valeurs transmises par un enseignement moral et religieux que le sujet pourrait corriger cette situation.

La psychologie humaniste s'est, quant à elle, donné comme tâche de développer une psychologie de la santé. En conséquence, elle propose un autre schéma d'intégration de la composante énergétique et des structures de contrôle. Tout en reconnaissant que le modèle conflictuel explique certains états pathologiques, elle considère que les composantes naturelles de l'organisme humain ont toutes une orientation positive. Il n'y a rien à réparer, du moins a priori, dans la structure de base d'un individu. La notion de tendance à l'actualisation, telle qu'elle est définie au chapitre précédent, traduit l'orientation positive que l'on attribue à la composante énergétique de la personne. En conséquence, le fait de recevoir et d'accueillir positivement toutes les manifestations de son propre organisme dans le champ de la conscience contribue d'emblée à l'actualisation d'un sujet. L'interaction avec le milieu est également jugée essentielle à l'actualisation, mais elle est considérée comme un processus d'autorégulation : chaque sujet, s'il est bien assisté par les adultes pendant l'enfance, peut apprendre à gérer harmonieusement les manifestations affectives et cognitives de son organisme, tout en respectant les exigences de son environnement.

Cette conception est représentée dans le schéma de la figure 2.2. Les deux composantes fondamentales — l'énergie et les structures de contrôle — sont orientées vers l'actualisation ; autrement dit, aucune composante n'est mal orientée a priori. Dans sa recherche d'équilibre, l'organisme opère continuellement des corrections de parcours lorsqu'une des composantes devient trop accentuée. Dans cette approche, on considère que l'organisme a toutes les ressources essentielles pour éviter les débordements pulsionnels ou les contrôles excessifs. La spirale qui entoure la ligne de développement naturelle de l'actualisation représente les structures de contrôle, contrôle que chacun exerce, au début, avec l'aide du milieu puis, à mesure qu'il devient adulte, par les choix personnels qu'il fait.

La complémentarité de ces deux composantes a été soulignée par Carl Rogers dès les premières formulations de ses théories. Ainsi, après avoir présenté sa théorie de la personnalité dans une série d'énoncés très explicites à cet égard, il ajoute le commentaire suivant :

> Il ressort de ces propositions que l'enfant, tel qu'il est conçu ici, est équipé d'un système inné de motivation (la tendance à l'actualisation, propre à tout être vivant), et d'un système inné de contrôle (le processus d'évaluation « organismique ») qui, par voie de communication interne automatique, maintient l'organisme au courant du niveau de satisfaction des besoins émanant de la tendance à l'actualisation. (Rogers et Kinget, 1973, p. 217-218.)

Dans la synthèse qu'il a proposée vers la fin de sa carrière et dont la traduction porte un titre très évocateur : *Un manifeste personnaliste, fondements d'une politique de la personne*, Carl Rogers rappelle son postulat fondamental d'une tendance de l'organisme à s'actualiser, puis discute en termes explicites de la capacité d'autorégulation évoquée plus haut :

> C'est donc ici, au cœur du mystère touchant à ce qui permet à un organisme de « faire tic-tac », que se trouve une première pierre importante pour notre réflexion politique. L'organisme est autorégulé. Dans son état normal, il s'achemine vers son propre épanouissement et vers une indépendance libre de tout contrôle extérieur. (Rogers, 1979, p. 191-193.)

FIGURE 2.2 Le modèle intégré de l'actualisation

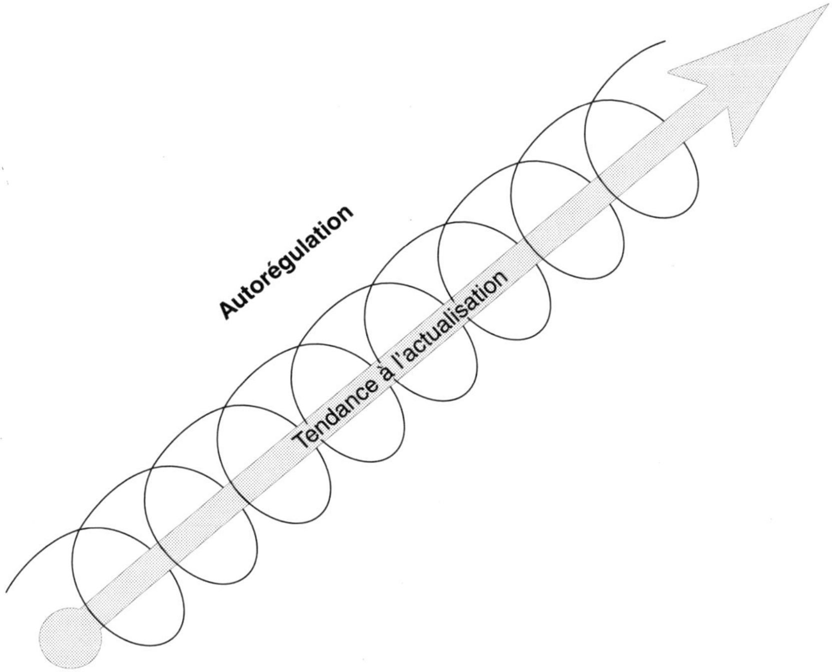

Bioénergie

Les tensions intérieures ne sont pas écartées d'une telle conception. Ainsi, chacun sait qu'une résolution de se priver d'un objet (nourriture, cigarette, etc.) prise en mode rationnel peut conduire à une lutte intérieure difficile lorsque le sujet se trouve en présence de cet objet sous l'empire du mode affectif. Chacun sait également que « le cœur a ses raisons que la raison ne connaît point », selon la célèbre pensée de Pascal. Mais, dans le modèle humaniste, ces tensions de parcours ne signifient pas une opposition fondamentale et conflictuelle entre le mode affectif et le mode rationnel. Dans le modèle intégré, la pathologie — qui était le champ d'expérience de Freud et dont l'étude a donné lieu au modèle conflictuel — s'explique non plus par une tension inhérente à l'organisme, mais par des accidents de parcours. Pour Rogers, par exemple, c'est l'incapacité du milieu de faciliter le processus naturel d'autorégulation qui explique le développement d'une pathologie psychologique.

Voici un exemple classique qu'utilisent les psychologues humanistes pour illustrer la façon de favoriser le processus d'autorégulation. Une mère voit son fils de deux ans sur le point de frapper sa petite sœur âgée de six mois. Elle intervient ; voilà l'essentiel, et tous les modèles d'actualisation reconnaissent cette priorité : l'enfant n'a pas encore appris à juger ses impulsions. C'est la façon d'intervenir qui risque de varier, selon que l'on considère l'enfant comme poussé à agir ainsi sous l'effet d'une pulsion fondamentalement mauvaise ou sous l'effet d'une tendance à s'actualiser. Dans le premier cas, on lui communiquera que ses émotions sont mauvaises et dangereuses, qu'il doit s'en méfier et ne jamais se laisser guider par elles. Le message que recevra l'enfant est le suivant : « Mauvais garçon, tu es méchant ». Dans le second cas, l'enfant sera invité à accepter son agressivité, puis à la maîtriser. La mère qui recourt à un modèle intégré peut, par exemple, tenir le discours suivant qui favorise l'intégration des réactions émotives chez l'enfant : « Marco, je t'interdis de frapper ta petite sœur ; maman sera très fâchée si tu frappes Isabelle et tu seras puni. Quand tu auras le goût de la frapper, viens plutôt le dire à maman ! » Le message que véhicule implicitement cette interdiction est que l'agressivité est positive, que l'on peut en parler et que jamais l'enfant ne sera puni parce qu'il a le goût de frapper. Il apprendra cependant que l'impulsion n'est pas un critère unique. Il lui suffit comme enfant de savoir que « maman ne veut pas », mais il apprendra progressivement qu'il répond mieux à ses besoins en créant lui-même un équilibre entre ses émotions et ses valeurs.

Souvent, il arrive que des personnes traitées en psychothérapie découvrent à quel point les cris et les punitions que leur infligeaient les adultes lorsque, enfants, elles manifestaient des émotions avec trop d'intensité, ont eu des effets négatifs. Elles ont retenu qu'elles devaient se méfier de tout ce qui est spontané, que l'agressivité est mauvaise, que le désir est dangereux, etc. Leur mode affectif est devenu associé à toutes sortes de dangers. Conformément à l'une des hypothèses de Allport, citée plus haut — « la récompense et la punition associées à la perception d'objets tendent à déterminer ce qui est perçu » —, ces personnes en sont venues à ne plus ressentir certains affects, voire à « refouler[15] » systématiquement les pulsions réprouvées. Si elles suivent une psychothérapie, c'est qu'elles refusent désormais de payer le prix élevé d'une telle « mutilation psychologique ». Une bonne partie du travail thérapeutique consiste à redonner à ces personnes l'accès aux messages spontanés de leur propre organisme, à les aider à devenir plus conscientes et plus disponibles, pour ensuite les aider à intégrer cette information.

---

15. Pour une reformulation de la notion de refoulement dans une perspective humaniste, voir E.T. Gendlin, *Une théorie du changement de la personnalité*, Montréal, Les Éditions du CIM, 1978.

EN PROVENANCE DE L'ENVIRONNEMENT

La disponibilité, ou la capacité de recevoir, concerne également l'information en provenance de son environnement et, de façon plus particulière, la rétroaction que provoquent ses propres actions. Le sujet qui réussit à augmenter sa capacité d'écouter, d'entendre, de voir comment réagit son entourage à son endroit, dispose d'une information susceptible de conduire à des choix plus actualisants, même si elle peut être à l'origine d'une période de malaise ou d'anxiété.

Les théories de la perception citées plus haut, en particulier les hypothèses de Allport, ont fait ressortir le peu d'objectivité qu'il est possible d'attendre d'une perception linéaire. En conséquence, une réception juste exige une interaction. Celle-ci permet de soumettre la perception à un processus de validation. La certitude vécue intérieurement par une personne dans ses rapports avec son environnement constitue un mauvais critère pour conclure que la perception est adéquate. Qui n'a pas déjà fait l'expérience d'avoir été certain de ses perceptions, au point de vouloir parier qu'il avait raison, pour découvrir par la suite qu'elles étaient fausses ? Le processus de la perception ne comporte aucun mécanisme automatique pouvant valider l'information reçue. Pour bien recevoir, il faut donc procéder délibérément à cette validation. Une personne s'actualise davantage lorsqu'elle développe un sens du relatif qui l'amène à critiquer ses « certitudes perceptuelles ».

On peut retenir des recherches sur la perception que toute prise d'information s'opère à travers un filtre perceptuel. Les mécanismes de la perception les plus élémentaires subissent déjà toutes sortes de déformations alors même que l'objet perçu est relativement neutre. Par exemple, au cours d'une expérience faite pour vérifier une hypothèse de Allport, on a démontré que certains enfants issus d'un milieu pauvre surestimaient plus que les enfants issus d'un milieu riche la grandeur réelle d'une pièce de monnaie. Que dire alors des objets ou des personnes qui provoquent une forte réaction émotive chez le sujet qui perçoit ? Lorsque l'on dit d'une personne, par exemple, qu'elle entend ce qu'elle veut bien entendre, il s'agit ordinairement d'un processus défensif non voulu. Il serait plus juste de dire que « cette personne entend ce qu'elle peut bien entendre ». Les filtres perceptuels prennent parfois la forme de préjugés raciaux, culturels, affectifs, de classe, etc.

D'autres filtres sont le résultat de mécanismes de défense. Le phénomène est tellement bien établi que certains spécialistes ont même affirmé qu'il y avait dans le système perceptif lui-même « un mécanisme qui filtrerait ou censurerait l'information et nous empêcherait ainsi de percevoir des stimuli inacceptables » (Delorme, 1982). Il s'agit là d'une hypothèse très contestée, mais il convient d'ajouter que même ceux qui la contestent reconnaissent le phénomène, qu'ils expliquent toutefois autrement, en faisant intervenir, par exemple, d'autres mécanismes que celui de la perception proprement dite. Delorme (1982) consacre un chapitre complet de son traité (chapitre 12) aux recherches qui ont démontré l'influence des mécanismes suivants : « [...] le refoulement et l'intellectualisation ; la dépendance et l'indépendance à l'égard du champ ; l'intolérance à l'ambiguïté ; les contrôles cognitifs et les styles cognitifs » (p. 363).

Quelles que soient les divergences de vues des spécialistes quant aux explications théoriques, il est évident que le processus d'actualisation doit prendre en considération les mécanismes qui influencent la réception de l'information, surtout dans les rapports interpersonnels. Le schéma de la figure 2.3 permet de faire la distinction entre la réalité d'un interlocuteur et la perception que l'on s'en fait.

Les deux grands cercles représentent deux personnes : le cercle A correspond à celle qui perçoit, et le cercle B, à l'interlocuteur tel qu'il existe en réalité. Les deux petits cercles qui apparaissent à l'intérieur du cercle A représentent, quant à eux, deux types de perception que A peut avoir de B. Le B′ (lire B prime) correspond à B, mais tel qu'il est perçu par A. Le premier cercle B′, celui de gauche, rappelle que toute perception est une réduction. En effet, on ne connaît jamais bien une autre personne. Le second cercle B′ montre l'effet des filtres perceptuels sur la perception d'autrui. Dans ce dernier cas, on suppose la présence d'un filtre réducteur, qui a pour conséquence de « diminuer » encore davantage la personne perçue — par exemple, un préjugé défavorable qui empêche de voir les aspects positifs d'une personne —, par analogie avec une lentille concave qui concentre les rayons lumineux qui la traversent. On pourrait tout aussi bien représenter, par une lentille convexe, un filtre perceptuel qui aurait pour résultat de « magnifier » la personne perçue, par exemple, une admiration sans bornes qui empêche de voir les limites de l'autre.

Une perception dite « objective » est celle qui s'appuie sur des faits observables. Dans l'exemple proposé, il s'agirait de la portion du cercle B incluse dans le cône qui va de A vers B. Mais au-delà du fait que les observations se font à travers un filtre perceptuel, les données observées ne seront jamais qu'un faible échantillon des comportements de B. Pour utiliser un langage plus imagé, l'observé n'est jamais en position de pleine lune par rapport à celui qui l'observe. Et à supposer qu'il soit dans une telle position, il y aurait toujours une face cachée. La seule façon de cultiver une certaine objectivité consiste donc à valider les perceptions que l'on a d'une personne dans l'interaction.

FIGURE 2.3 La perception d'autrui

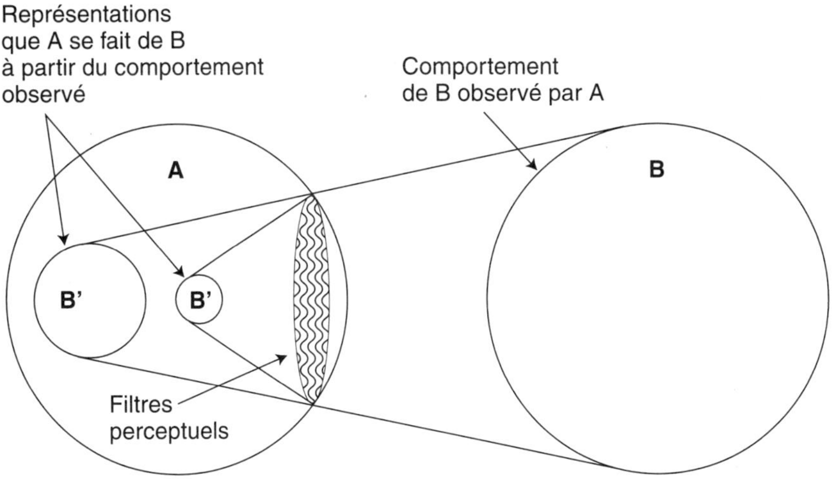

Dans leurs recherches pour améliorer la qualité des rapports humains, Argyris, Putnam et McLain Smith (1985) proposent d'utiliser une échelle d'inférence. Le premier échelon représente les faits. Tout ce qui relève de l'interprétation est ensuite classé sur différents échelons. On change d'échelon à mesure que l'on s'éloigne des faits : signification culturellement acceptée au deuxième échelon ; signification personnelle des interlocuteurs au troisième échelon ; significations professionnelles ou théoriques au quatrième échelon, etc. Pour favoriser l'actualisation des personnes, toute divergence par rapport aux faits est d'abord soumise à une validation. Les interlocuteurs sont invités à se maintenir au premier échelon tant et aussi longtemps qu'ils ne s'entendent pas sur les faits qui alimentent leurs interprétations. Les faits reconnus étant les seuls éléments incontestables, on peut toujours y revenir si, plus tard, on est pris de vertige pour avoir escaladé trop rapidement l'échelle d'inférence.

RECEVOIR, C'EST CRÉER DU SENS

Dans une perspective de développement personnel, on mise sur la tendance à l'actualisation pour inviter une personne à être à l'écoute d'elle-même, et sur sa capacité d'autorégulation pour l'inviter à être à l'écoute des autres. D'une part, on tient pour acquis que l'organisme d'un sujet travaille pour lui, de sorte qu'en se mettant à l'écoute de soi, on augmente la qualité du traitement de l'information, ce qui conduit à une plus grande actualisation. D'autre part, l'utilisation optimale de son vécu repose aussi sur la capacité de recevoir de façon non défensive l'information en provenance de son environnement, en particulier la rétroaction des autres à son égard. Les deux axes du traitement de l'information décrits dans la figure 1.3, présentée au chapitre précédent, serviront à démontrer comment « recevoir, c'est créer du sens ». Le premier, l'axe sensorimoteur, est placé à l'horizontale et relie la perception et l'intention ; le second, l'axe affectivo-rationnel, est placé à la verticale et relie les idées et les ressentis. Ces deux axes sont toujours actifs lorsqu'une personne est à l'écoute de son organisme et à l'écoute de son environnement[16].

La figure 2.4 reprend le schéma de la figure 1.3 en mettant en relief, par le cercle tracé à gauche, l'influence des processus cognitifs et des processus affectifs sur la prise d'information. Les flèches à gauche du schéma rappellent les deux sources d'information : l'organisme et l'environnement. Une partie de cette information circule dans l'organisme à l'insu du sujet (flèches recourbées à la verticale), une autre entre dans le champ de la conscience (flèche horizontale). Les flèches qui sortent de l'organisme (à droite) et reviennent vers la gauche du schéma illustrent la boucle de rétroaction qui se crée lorsqu'une personne porte attention à la rétroaction que provoque son action dans son environnement, spécialement sur ses interlocuteurs.

La mention « attributions », qui apparaît entre les idées et les faits, indique l'influence des processus cognitifs sur la perception des faits, en particulier lorsqu'il s'agit du comportement d'une autre personne. (Selon le code de couleurs utilisé au chapitre 1, dans la figure 1.5, le vert, mélange de jaune et de bleu, caractérise l'attribution.) D'après la définition que l'on en donne au chapitre précédent, l'attribution est une inférence que l'on fait spontanément pour expliquer la cause d'un événement ou pour interpréter les dispositions intérieures d'une personne. Par exemple, pour pouvoir dire d'une autre personne qu'elle est jalouse, agressive,

16. Dans une réflexion très poussée où ils tentent d'intégrer les résultats des sciences cognitives dans l'expérience humaine, Varela, Thompson et Rosch (1993) proposent une théorie dite de l'enaction qui, d'une part, rend indissociables la perception et l'action et, d'autre part, réunit dans un ensemble complexe les deux axes de ce schéma : « Nous voici à présent en mesure de proposer une formulation préliminaire de ce que nous entendons par *enaction*. En bref, cette approche se compose de deux points : 1° la perception consiste en une action guidée par la perception ; 2° les structures cognitives émergent des schèmes sensorimoteurs récurrents qui permettent à l'action d'être guidée par la perception. » (P. 234-235.)

FIGURE 2.4 La prise d'information

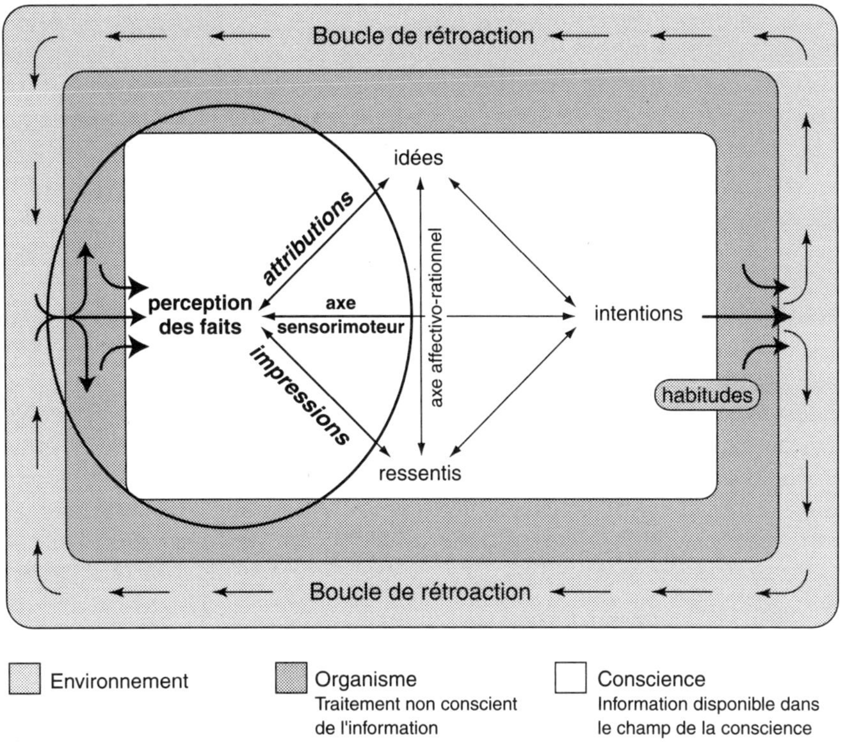

coopérative, défensive, etc., il faut dépasser la simple perception des comportements en leur donnant (attribuant) une signification.

La mention « impressions », qui apparaît entre les ressentis et les faits, indique quant à elle l'influence des processus affectifs sur la perception des faits. (Selon le code de couleurs utilisé au chapitre 1, l'orange, mélange de jaune et de rouge, caractérise l'impression.) Pour le *Petit Robert*, l'impression, dans son sens courant, est « une forme de connaissance élémentaire, immédiate et vague que l'on a d'un être, d'un objet, d'un événement ; état de conscience plus affectif qu'intellectuel ». Il existe différentes façons d'améliorer la qualité de sa réception ; l'une d'entre elles consiste à dépasser ses impressions. Il suffit, par exemple, de cerner les attributions implicites que l'on fait pour ensuite distinguer les données observables (les faits) de ses impressions ou de ses attributions. Cela permet aussi de se responsabiliser par rapport à la signification que l'on donne aux événements et d'augmenter son autonomie (objet du chapitre 3) en même temps que la qualité de sa réception.

Quand le sujet adopte une attitude réflexive face à lui-même, il peut diriger son attention vers quatre types d'informations toujours à sa disposition dans le champ de la conscience : sa perception des faits, ses idées, ses ressentis et ses intentions. Dans cet état réflexif, chaque élément devient une donnée parmi d'autres. La prise de conscience descriptive est dissociable du traitement que fait par la suite le sujet de ce qu'il enregistre : il aime ou non ce qu'il vit, il approuve ou non cette expérience dont il prend conscience.

Bien que, dans la vie courante, le sujet restreigne son champ de conscience ou ne l'utilise qu'en partie, la gamme complète de son expérience reste toujours accessible : il suffit d'y porter attention pour y avoir accès. Le lecteur peut s'entraîner à recevoir les informations de son organisme en répondant aux questions qui apparaissent dans l'encadré intitulé « La description du vécu ». Dans un processus d'actualisation, un sujet est toujours en mesure de trouver une réponse, au moins partielle, aux quatre questions contenues dans cet encadré. Lorsque l'on arrive à distinguer les faits que l'on sélectionne, ses idées, ses ressentis et ses intentions, on augmente habituellement sa disponibilité. Le sujet a aussi l'option d'opérer une meilleure validation et de prendre la responsabilité de ses perceptions. Les questions énoncées dans l'encadré peuvent aussi porter sur le contenu de ses imaginations, dans lesquelles on trouve les quatre éléments de base.

La description du vécu

Questions à se poser pour développer sa capacité de **recevoir** :

1° Quels sont les faits qui alimentent ma réaction actuelle ?

2° Quelles sont mes idées personnelles sur la situation actuelle ?

3° Quels sont mes ressentis actuellement ?

4° Quelles sont mes intentions actuellement ?

L'exercice décrit dans les encadrés suivants intitulés « La validation de ses perceptions » et « L'histoire de Tania et de Charles » illustre comment il est possible de développer sa capacité de recevoir et de valider ses perceptions. Une fois qu'il aura terminé cet exercice, le lecteur est invité à demander à une autre personne de le faire à son tour, et à comparer ensuite les réponses de chacun.

Au cours de cet échange, on s'exercera à utiliser l'échelle d'inférence décrite plus haut. On s'attardera d'abord au premier échelon : il doit y

La validation de ses perceptions

Lire une seule fois l'histoire de Tania et de Charles racontée dans l'encadré suivant en portant une attention particulière au personnage de Tania. Mettre ensuite le texte de côté et répondre par écrit aux questions de l'encadré intitulé « La description du vécu », en formulant le début de votre réponse comme suit :

1° Voici les faits qui ont le plus influencé mon opinion et mes ressentis à l'égard de Tania :

2° Voici, en quelques mots, comment je décrirais la personnalité de Tania :

3° Voici ce que je ressens (sympathie ou antipathie) face à Tania :

4° Si j'avais actuellement l'occasion d'interagir avec Tania, voici quelle serait mon intention (l'éviter, lui parler, communiquer avec elle non verbalement, etc.) :

avoir consensus quant à ce qui entrera dans la catégorie des faits (réponse à la première question de l'exercice). Il faut noter que, pour celui qui se prête à l'exercice, les faits correspondent à ce qui est décrit dans l'encadré intitulé « L'histoire de Tania et de Charles ». En réponse à la première question, on retiendra seulement les phrases qui concernent des faits observables. Étant donné les limites de la mémoire, il peut arriver qu'il se soit glissé dans la réponse des éléments qui ne sont pas des faits, soit que l'on ait supposé des faits qui ne sont pas donnés comme tels dans le texte, soit que l'on ait retenu des éléments de l'histoire qui ne sont pas observables à proprement parler, donc qui n'appartiennent pas à la catégorie des faits. On passera ensuite à la discussion des interprétations données en réponse aux autres questions. On pourra ainsi comparer les réponses de chacun en notant les différences présentes tant dans la sélection des faits que dans les interprétations. Enfin, on évaluera l'interaction entre les faits, les idées, les ressentis et les intentions.

L'histoire de Tania et de Charles

Tania (dont le profil psychologique a été esquissé au chapitre précédent) a maintenant 23 ans. Elle vient de terminer ses études en service social et c'est sa première année sur le marché du travail. Charles a 24 ans. Il termine ses études en architecture. Tania est divorcée d'un premier mari et elle vit avec Charles depuis deux ans.

→

L'histoire de Tania et de Charles (suite)

Premier épisode

Charles est allé accueillir Tania à l'aéroport. Elle revient d'un voyage d'une semaine à New York. Le dialogue qui suit a lieu dans la voiture, durant le trajet de l'aéroport à la maison.

1° T. — Charles, je dois te faire un aveu… Mon voyage à New York, ce n'était pas uniquement pour des vacances…

2° C. — Ah non ?

3° T. — Je ne voudrais pas te faire de mal… J'avais décidé de ne pas t'en parler, mais en revenant, dans l'avion, je… j'ai pensé que je devais te le dire.

4° C. — C'est quoi ce mystère ?

5° T. — Bien… Je suis allé à New York pour rencontrer Jérôme (son ancien mari)…

6° C. — (Sur un ton de colère) Quoi ?

7° T. — Ben oui… c'est ça…

8° C. — C'est ça… c'est ça… Mais à quoi penses-tu, Tania ? Tu m'as menti ! Tu m'avais dit que c'était bien fini entre Jérôme et toi.

9° T. — Oui, je voulais que ce soit fini, mais je m'ennuyais de lui et je voulais le revoir…

10° C. — (Sur un ton découragé) Merde, merde, merde… juste parce que tu t'ennuies de lui, tu pars en me racontant des blagues, et tu vas revoir ton ancien mari. Je t'avertis que je ne le prends pas du tout…

Le dialogue s'envenime. La colère de Charles augmente. Tania se défend et, finalement, c'est l'engueulade.

Deuxième épisode

Pendant la soirée, quelques heures après le retour à la maison, Tania et Charles se retrouvent à table et reprennent la discussion amorcée dans la voiture.

11° T. — Tu m'en veux toujours ?

12° C. — Écoute, Tania, je ne veux pas qu'on s'engueule comme cet après-midi, mais il faut qu'on parle de ce qui se passe.

13° T. — À quoi bon en reparler ? C'est fait, on n'y peut rien…

→

14° C. — Non, je ne suis pas d'accord… C'est peut être réglé pour toi, mais moi, je ne le digère pas… J'ai l'impression que tu ne saisis pas ce que tu me fais vivre…

15° T. — Je n'y peux rien, Charles, si tu ne le prends pas…

16° C. — Comment tu n'y peux rien ? Tu aurais pu y penser avant…

17° T. — Je ne savais pas, moi, que tu réagirais si mal… J'aurais bien dû suivre mon idée de ne pas t'en parler…

18° C. — Non, c'est pas possible… Tu pensais vraiment que j'allais prendre ça comme si tu m'annonçais que tu avais acheté une nouvelle robe à New York ?

19° T. — Ben… peut-être pas, mais on a toujours dit qu'on vivait chacun sa vie… et c'est pas aujourd'hui qu'on va changer ça…

20° C. — Ce n'est pas là la question… Je suis d'accord pour que chacun garde sa liberté, mais, quand même, tu exagères ! Cela ne veut pas dire que tu peux partir n'importe quand faire l'amour avec un mec, en me faisant croire que tu as besoin d'une semaine de vacances, puis venir me raconter ça, après, comme si tout était beau.

Six mois plus tard, Tania et Charles décident de se séparer en raison de leur divergence de vues quant à la façon de concevoir leur relation de couple.

Troisième épisode

Un an après leur séparation, Charles et Tania se rencontrent par hasard à l'aéroport.

21° T. — (Sur un ton de surprise) Salut Charles ! Qu'est-ce que tu fais ici ? Ça fait bien un an qu'on ne s'est pas vus… Mon Dieu que ça me paraît loin… Qu'est-ce que tu deviens ?

22° C. — Ça va… ça va même très bien depuis deux mois. Je viens justement chercher Denise qui est allée donner une conférence… Tu sais qu'on vit ensemble maintenant ?

23° T. — Non, je ne le savais pas… Je suis bien contente pour toi, mon vieux Charles… J'ai l'impression que je t'en ai fait voir de toutes les couleurs dans le temps… Je pense que je comprends mieux maintenant ce qui a pu se passer entre nous… Je ne voulais tellement pas qu'on me contraigne dans ma liberté que je m'isolais et te tenais à distance. (Sur un ton chaleureux) J'espère que Denise ne revient pas de New York !

24° C. — (En souriant avec bonhomie) Non, ce n'est pas le genre.

L'UTILISATION PROFESSIONNELLE DE SON EXPÉRIENCE

Dans le domaine des sciences humaines et, plus précisément, dans le champ de la pratique professionnelle, l'importance de la réception chez le praticien est depuis longtemps reconnue. On considère comme essentiel qu'un praticien des sciences humaines connaisse bien ses filtres perceptuels. Ainsi, dès que la psychanalyse s'est institutionnalisée, on a exigé que les psychanalystes en formation se soumettent eux-mêmes à une psychanalyse didactique. Dans le courant humaniste, on est aussi d'avis que le premier outil de travail d'un praticien, c'est sa propre personnalité.

Dès les années 1950, Rogers énonçait trois conditions qui, selon lui, étaient nécessaires et suffisantes pour rétablir le processus d'actualisation chez un client en difficulté : la considération positive inconditionnelle et l'empathie, qui correspondent à des attitudes d'ouverture et d'acceptation très poussée à l'égard de ses interlocuteurs, ainsi que la congruence, qui constitue, chez le praticien, une attitude d'ouverture et d'accueil face à sa propre expérience. Voici comment cet auteur décrit cette dernière attitude :

> Puis-je arriver à être d'une façon qui puisse être perçue par autrui comme étant digne de confiance, comme sûre et conséquente au sens le plus profond ?... J'ai employé le mot « congruent » pour désigner ce que je voudrais être. J'entends par ce mot que mon attitude ou le sentiment que j'éprouve, quels qu'ils soient, seraient en accord avec la conscience que j'en ai. (Rogers, 1968, p. 39.)

Gendlin a poussé très loin l'analyse des rapports entre l'axe sensorimoteur et l'axe affectivo-rationnel dans un contexte professionnel. Le titre de son premier ouvrage important indique bien que recevoir, c'est créer du sens : *Experiencing and the Creation of Meaning*. Il a par la suite mis au point différents instruments pour permettre au praticien d'augmenter sa capacité de recevoir et de nommer adéquatement son expérience immédiate. On a vu, dans le chapitre précédent, comment le mode sensoriel pouvait être favorisé grâce à la technique du *focusing* (Gendlin, 1992).

Dans le même ordre d'idées, Hunt (1987) a écrit un ouvrage dont le titre parle par lui-même : *Beginning with Ourselves in Practice, Theory and Human Affairs*. Les premiers mots de la préface précisent l'objectif de l'auteur :

> Ce livre décrit comment des praticiens, des théoriciens et des intervenants non professionnels peuvent commencer par eux-mêmes. Les praticiens incluent les enseignants, les conseillers, les thérapeutes, les travailleurs sociaux, les infirmières, les consultants, les superviseurs et les

formateurs. Ceux-ci sont encouragés à extirper d'eux-mêmes leur savoir d'expérience au sujet de leur pratique. (Hunt, 1987, p. XI ; traduction libre.)

Dans la méthode de réflexion sur l'action qui a fait l'objet d'une autre publication (St-Arnaud, 1995a), le lecteur apprend à utiliser un instrument qui fait appel à l'expérience vécue pendant une interaction pour augmenter son efficacité professionnelle.

Garneau et Larivey (1979, 1994), qui ont élaboré leur propre méthode pour favoriser l'actualisation, ont conçu un programme d'autodéveloppement à l'intention des personnes désireuses d'augmenter leur disponibilité[17].

CONCLUSION

L'expérience consciente d'une personne résulte d'une production abondante d'informations en provenance de son propre organisme et de son environnement. En dirigeant volontairement son attention vers son organisme, puis en étant disponible à l'égard de l'information lui venant de l'extérieur, le sujet dispose d'une information qui lui permet d'activer une démarche d'actualisation.

Recevoir, c'est décoder et décoder, c'est introduire une marge d'erreur dans ses perceptions tant internes qu'externes. Comme l'actualisation est tributaire de la capacité de recevoir, sans trop la déformer, l'information en provenance de son propre organisme et de son environnement, l'interaction devient essentielle.

Une personne peut raffiner l'écoute de son propre organisme en apprenant à distinguer ses mouvements corporels, ses idées, ses ressentis et ses intentions. Cet apprentissage est d'autant facilité si cette personne accepte le principe voulant que son organisme travaille pour elle. En dialoguant avec les situations et, plus particulièrement, en s'intéressant à la réaction qu'il reçoit de son environnement, le sujet augmente encore sa disponibilité.

À partir de ces deux sources d'information, l'une interne et l'autre externe, chacun dispose d'une matière première dont le traitement lui permet d'achever sa démarche d'actualisation par des choix personnels (objet du chapitre 3) et une action efficace (objet du chapitre 4).

---

17. Voir aussi J. Salomé et S. Galland, *Si je m'écoutais je m'entendrais*, Montréal, Les Éditions de l'Homme, 1990.

CHAPITRE 3

CHOISIR

Découvrir et utiliser son pouvoir personnel.

La deuxième caractéristique d'une personne engagée dans un processus d'actualisation est l'autonomie, la capacité de faire des choix personnels à partir de l'information en provenance de son propre organisme et de son environnement.

La théorie psychosociale de l'actualisation présentée au chapitre 1 repose sur le postulat suivant : l'adulte humain, en dépit du déterminisme (hérédité et milieu) qui influence sa personnalité, dispose d'une capacité de faire des choix personnels et, donc, de déterminer lui-même ce qu'il devient. On désigne généralement cette caractéristique par les termes « autodétermination » et « pouvoir personnel[18] ».

Dans l'histoire de la psychologie, on a longuement débattu l'importance à accorder à l'autodétermination. D'un côté, on va jusqu'à nier son existence. Dans cette conception, on considère le pouvoir personnel comme une quantité négligeable ou n'ayant aucune valeur apparente : on a l'impression de faire un choix alors que le comportement est inconsciemment déterminé par son passé ou par les conditionnements sociaux. De l'autre côté, on accorde une importance telle à la liberté que l'on ne tient pas compte, dans la pratique, de l'influence du déterminisme sur le comportement humain. Les psychologues humanistes adoptent en

---

18. Pour une présentation plus détaillée de cette conception, voir C.R. Rogers, *Le développement de la personne*, Paris, Dunod, 1968 ; C.R. Rogers, *Carl Rogers on Personal Power*, New York, Delacorte Press, 1977, traduit en français sous le titre *Un manifeste personnaliste, fondements d'une politique de la personne*, Paris, Dunod, 1979.

général une position intermédiaire. Voici comment Pelletier et Vallerand (1993) présentent leur chapitre sur la perspective humaniste dans un ouvrage d'introduction à la psychologie de la motivation :

> Dans ce chapitre, nous allons examiner plus en détail les théories humanistes de la motivation humaine, qui reconnaissent que nous pouvons agir sur notre environnement et que notre environnement ainsi que nos expériences passées ne sont pas les seuls déterminants de nos actions. Ces théories postulent que l'être humain agit de la sorte afin de sentir qu'il est compétent et qu'il est l'origine (ou la cause) de ses propres actions. Ces théories ont des implications importantes, non seulement pour notre compréhension de la motivation face à différentes tâches, mais aussi pour notre compréhension de la motivation qui pousse ces individus à croître et à se développer au sens psychologique du terme, c'est-à-dire à s'auto-actualiser. (P. 234.)

La figure 3.1 propose des formes géométriques pour mettre en relation l'influence respective de trois facteurs : l'hérédité, le milieu et l'autodétermination (choix personnels). L'expression « quotient d'actualisation » (QA), introduite dans le premier chapitre, est utilisée ici pour désigner le degré de développement que l'on pourrait, en théorie, attribuer à une personne à un moment précis de son existence. Les trois déterminants de la personnalité sont représentés par les trois arêtes des figures géométriques dont le volume correspond au QA.

Chacune des arêtes d'une figure correspond à l'un des trois déterminants. Plus l'arête est longue, plus l'influence de ce facteur est favorable à l'actualisation d'une personne. À supposer, par exemple, que l'on accorde une valeur de 10 unités à chacun des facteurs de manière à définir une influence moyennement favorable, on obtient un cube parfait (figure A) dont le volume représente un quotient d'actualisation de 1 000 (10 unités pour l'influence positive de l'hérédité, multipliées par 10 autres unités pour l'influence positive du milieu, multipliées à nouveau par 10 unités pour l'influence positive des choix exercés par la personne elle-même, c'est-à-dire l'autodétermination). La figure B représente une deuxième personne dont le quotient est de 1 000 aussi, mais pour laquelle les facteurs en cause ont des valeurs différentes. On suppose, cette fois, que l'individu a été peu favorisé par son hérédité (5 unités), moyennement favorisé par son milieu (10 unités) et très actif sur le plan de l'autodétermination (20 unités). Enfin, la figure C représente une troisième personne dont le quotient est toujours de 1 000, mais dont le profil s'établit comme suit : très favorisée par son hérédité (20 unités), peu favorisée par son milieu (5 unités) et moyennement active sur le plan des choix personnels (10 unités).

Comme un individu ne peut modifier ses gènes ni refaire son histoire, son principal facteur d'actualisation, pendant la vie adulte, est la

FIGURE 3.1 Les déterminants de la personnalité

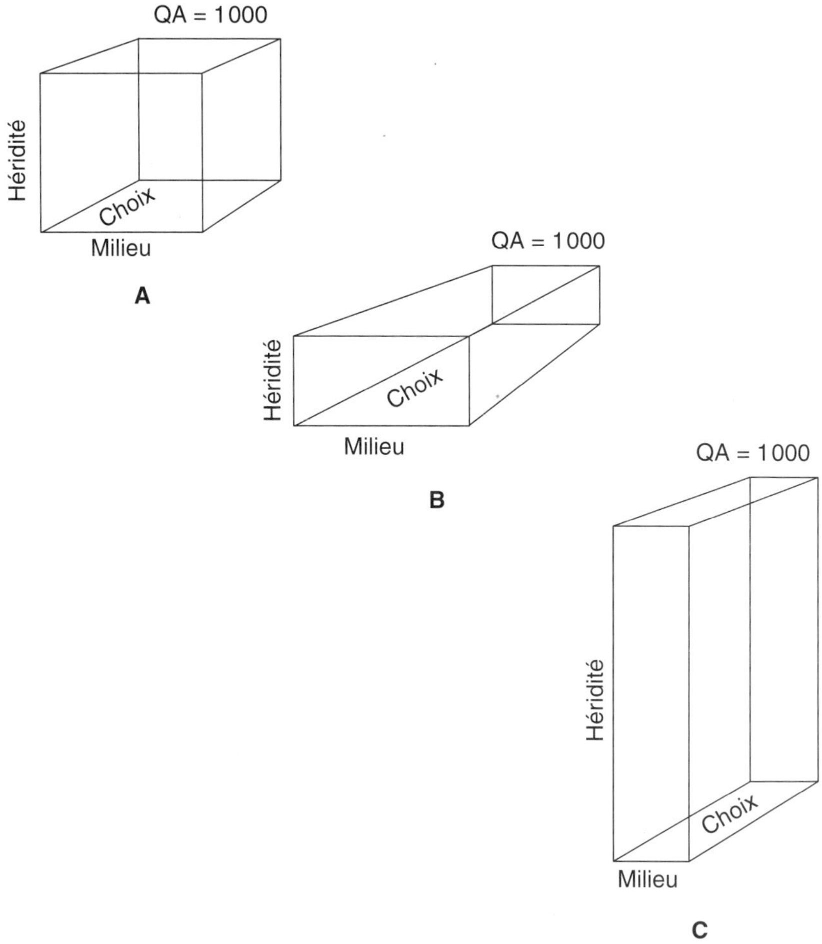

QA = quotient d'actualisation

capacité qu'il a de faire des choix. Tout est pour le mieux s'il présente une excellente hérédité et s'il s'est développé dans un milieu particulièrement favorable à son épanouissement; mais, dans le cas contraire, il peut quand même accéder à un niveau d'actualisation comparable à celui qu'atteindraient d'autres personnes plus favorisées sur les autres plans, mais moins actives du point de vue de l'autodétermination. Cette particularité du développement humain explique pourquoi on situe la capacité de faire des choix personnels au cœur du processus d'actualisation.

L'EXPÉRIENCE DE CHOISIR

La personne qui se rend disponible à l'égard de l'information qui lui provient de son propre organisme et de son environnement dispose de la matière première qui lui est nécessaire pour s'actualiser. Mais encore faut-il qu'elle puisse faire des choix. Certaines actions sont confiées à la routine, d'autres demandent une délibération avec soi-même. Dans ce dernier cas, l'actualisation est directement proportionnelle à la qualité des choix qu'exerce le sujet. Il existe toute une série de critères permettant d'évaluer la qualité d'un choix. Dans l'encadré intitulé « Les indices d'un choix personnel », nous en définissons huit.

Bien entendu, ces huit critères, ou indices, ne sont pas toujours présents dans une situation donnée, mais on peut considérer que, plus leur nombre augmente, plus la qualité du choix personnel risque d'augmenter elle aussi. Les quatre premiers indices concernent l'expérience vécue par le sujet avant qu'il fixe son choix. Les quatre derniers concernent l'expérience vécue une fois le choix arrêté. La formulation de ces indices est à la première personne (je) pour bien signifier que c'est le sujet lui-même qui peut juger de la qualité de son propre choix.

Nous verrons un exemple d'application de chacun de ces critères. Pour ce faire, nous analyserons une situation ordinaire de la vie quotidienne en confrontant deux types de réactions chez deux sujets différents nommés, pour les besoins de notre propos, les frères Choisi. Le premier a pour prénom Iapas ; il agira sans faire de choix personnel. Le second se prénomme Ia ; il représentera le sujet qui agit à la suite d'un choix personnel. La situation est la suivante : les frères Choisi, membres d'une équipe de dix personnes, sont invités par le directeur de leur département à un repas organisé pour célébrer la promotion d'un membre du groupe. Les deux ayant déjà pris un engagement pour l'heure et la date de l'événement, ils ont un conflit d'horaire à résoudre. Chacun doit donc décider s'il annule son engagement précédent ou s'il décline l'invitation de son directeur. Pour chaque indice, un bref commentaire décrira le vécu de chacun.

Les indices d'un choix personnel

Éléments antérieurs au choix :

1° Je perçois une alternative.

2° Je ne me sens pas obligé.

3° Je choisis de façon réaliste.

4° Je suis conscient du risque de me tromper.

→

Éléments postérieurs au choix :

5° J'éprouve une mobilisation d'énergie.
6° Je conserve le souvenir de mon choix.
7° J'assume la responsabilité de mon choix.
8° Je me sens autorisé à modifier mon choix.

1° Je perçois une alternative

Il convient d'abord d'établir une distinction entre la décision et le choix. Selon le dictionnaire de la langue française le *Petit Robert*, **décider**, c'est « arrêter ou déterminer ce que l'on doit faire », tandis que **choisir**, c'est « prendre une décision par laquelle on donne une préférence à une chose, une possibilité en écartant les autres ». Décider ne veut donc pas dire choisir. En revanche, choisir équivaut à décider, mais décider d'une certaine façon. La différence entre les deux opérations vient du fait que, dans un choix, il y a toujours la perception d'une alternative. Je suis généralement en présence de plusieurs options ; s'il n'y en a qu'une seule, je suis conscient que je peux l'accepter ou la refuser, agir ou ne pas agir.

Chacun fait l'expérience de cette alternative lorsqu'il hésite entre les deux options suivantes : satisfaire un désir qui va à l'encontre d'une valeur ou d'un principe dont il reconnaît le bien-fondé, ou contrarier ce désir pour agir de façon « raisonnable ».

Premier indice

Iapas Choisi	Ia Choisi
(Après avoir lu la note du directeur invitant les membres du groupe à se retrouver au Restaurant du jour pour célébrer la promotion de Germain :)	(Après avoir lu la note du directeur invitant les membres du groupe à se retrouver au Restaurant du jour pour célébrer la promotion de Germain :)
Merde, justement le jour où j'avais rendez-vous avec Clarisse ! Va falloir que je déplace mon rendez-vous... Et tout ça pour cet emmerdeur de Germain. Quelle tuile !	Merde, justement le jour où j'avais rendez-vous avec Clarisse ! Et tout ça pour cet emmerdeur de Germain. Qu'est-ce que je fais ?

2° Je ne me sens pas obligé

Lorsque l'on fait un choix personnel, on sait que la décision relève de soi-même. Même si des pressions extérieures s'exercent dans un sens ou dans l'autre, même si les habitudes orientent le comportement dans une direction, c'est le **je** qui se trouve au premier plan. Choisir, c'est faire l'expérience de son pouvoir personnel.

Un choix personnel repose sur des critères internes d'évaluation : il s'effectue dans le prolongement d'une motivation intrinsèque et non pas seulement en réponse à des contraintes externes. Cette motivation peut se manifester en mode affectif : goût, désir, attrait, appétit, besoin, etc. Elle peut aussi se manifester en mode rationnel : principe, valeur, projet, motif, etc. L'ambivalence est souvent l'indice que la délibération avec soi-même est engagée et que l'on ne se sent pas obligé d'agir dans un sens ni dans l'autre. La personne qui vit une ambivalence peut considérer qu'elle se trouve dans une situation favorable à son actualisation puisqu'elle est « condamnée à choisir ».

L'expression « je n'ai pas le choix » est trompeuse. Souvent, en s'exprimant ainsi, une personne indique qu'elle a déjà fait un choix dont elle expérimente maintenant les conséquences. Ne pas avoir le choix signifie très souvent que l'on ne remet pas en question un choix antérieur qui entraîne cette conséquence. Ainsi, le professionnel qui dit ne pas avoir le choix de rencontrer un client difficile peut signifier par là qu'il est conscient de s'être privé de certaines options lorsqu'il a choisi sa profession. Mais il serait plus précis s'il disait que c'est lui-même qui s'est privé de certaines options. Quoi qu'il en soit, il peut faire un bilan périodique et se demander s'il y a lieu de reconsidérer le choix initial.

Deuxième indice

Iapas Choisi	Ia Choisi
Je déteste ce genre de situation. On ne peut même plus avoir la paix pendant son heure de dîner. C'est presque de l'abus de pouvoir.	Je déteste ce genre de situation. Va falloir que j'évalue les conséquences, si je choisis de ne pas aller à ce repas.

3° Je choisis de façon réaliste

Même si la personne qui décide ne se sent pas obligée par rapport à l'objet de son choix, elle sait que sa liberté est toujours relative.

Troisième indice

Iapas Choisi

Il aurait au moins pu nous consulter avant de fixer le jour de la rencontre.

Un jour, je vais lui dire ma façon de penser à ce directeur à la con.

Ia Choisi

Je sais très bien que si je n'y vais pas, ils vont en faire tout un plat. Germain ne se gênera pas pour dire que je suis jaloux de sa promotion.

Au moins, c'est un bon restaurant. Je pourrais toujours m'arranger pour m'asseoir loin de Germain. Si seulement ce n'était pas le jour où j'ai rendez-vous avec Clarisse... C'est tellement compliqué de se trouver du temps pour se rencontrer, elle et moi.

Je vais voir avec le directeur s'il ne pourrait pas changer la date.

Le choix se fait à l'intérieur d'un cadre qui comporte ordinairement plusieurs contraintes : des pressions extérieures, des choix antérieurs, ses propres conditionnements tels que des traits névrotiques, des mécanismes de défense très puissants, etc.

Un choix personnel est possible, quelle que soit la marge de manœuvre dont on dispose : il suffit simplement que l'on définisse cette marge de façon réaliste. La disponibilité, qui permet une bonne circulation de l'information à l'intérieur de soi, augmente la possibilité de faire un choix personnel. Elle permet de prévoir avec réalisme les conséquences du choix que l'on fera. Le choix personnel est différent, par exemple, d'une résolution que l'on prend et que l'on ne tient pas parce que l'on a été incapable d'évaluer le réalisme de la décision prise. La résolution est souvent une fuite devant un choix à faire. Bien que l'expérience antérieure démontre clairement le manque de réalisme d'une décision prise maintes et maintes fois dans le passé, le sujet persiste à décider d'agir raisonnablement sans prendre en considération le fait que le mode affectif devient prédominant au moment de l'action. Il continue à décider sans choisir en formulant une résolution qui soulage sa conscience de la culpabilité ressentie lorsqu'il ne fait pas ce qu'il pense devoir faire.

4° Je suis conscient du risque de me tromper

Il est rare que l'on possède toute l'information dont on aurait besoin pour faire un choix dont on aurait évalué toutes les conséquences. Même dans les situations pour lesquelles on a eu le temps de peser longuement le pour et le contre, il reste une part d'impondérable qui varie selon les circonstances. Certaines décisions comportent un risque élevé, d'autres, un risque très faible, mais l'erreur reste toujours possible.

Quatrième indice

Iapas Choisi	Ia Choisi
Au moins, cette fois-ci, personne ne pourra me reprocher de ne pas être solidaire du groupe comme la dernière fois où je les ai laissés tomber.	(Après vérification, il s'avère impossible de changer la date du repas.) Je pense que je vais faire mon devoir et déplacer mon rendez-vous avec Clarisse. J'espère que je ne regretterai pas mon choix.

L'ambivalence, qui rend souvent le choix personnel difficile, vient ordinairement de la perception aiguë que l'on a du risque de se tromper. Pour faire un choix personnel, il faut sans doute se sentir dans une sécurité psychologique suffisante pour pouvoir accepter la possibilité de commettre une erreur. Celle-ci étant toujours possible, plus le choix est personnel, plus on en porte la responsabilité. La liberté est précisément reliée au facteur d'incertitude de l'agir humain. De plus, elle implique le système de valeurs de la personne, domaine dans lequel chacun doit se compromettre sans pouvoir faire référence à un cadre purement objectif. S'il n'y avait aucun risque, la décision pourrait être confiée à des machines bien programmées.

Les quatre premiers critères proposés pour évaluer la qualité d'un choix personnel s'observent avant le moment précis où est fait le choix. Ce moment n'est pas toujours facile à déterminer : tantôt il est l'aboutissement d'une longue préparation, tantôt il se situe dans le feu de l'action où règne un degré élevé d'improvisation. Les quatre prochains indices que nous examinerons permettent d'utiliser l'expérience qui suit le moment d'une décision pour continuer à évaluer si celle-ci offre les caractéristiques d'un choix personnel.

5° J'éprouve une mobilisation d'énergie

Souvent, l'opération même de faire un choix entraîne une détente, une baisse de tension due au fait que l'on cesse de tergiverser. Cette détente momentanée peut revêtir différentes formes : repos de l'esprit, sentiment de bien-être, amélioration du sommeil, retour de l'appétit, etc. Cette détente peut même être perçue dans les situations où l'objet de la décision engendre d'autres tensions.

Qu'il y ait ou non une baisse de tension — la variation serait due au degré de risque que comporte le choix qui a été fait ou à la quantité d'énergie mobilisée au cours de la délibération —, la conséquence normale d'un choix personnel est la mobilisation de l'énergie de la personne : soit en vue de passer à l'action, soit en vue de faire autre chose. Lorsque le choix présuppose une action à accomplir, la personne qui a conscience d'être elle-même à l'origine de sa décision se sent responsable de l'action qui découle du choix qu'elle a fait.

Cinquième indice

Iapas Choisi	Ia Choisi
Il ne faudrait pas que j'oublie d'avertir Clarisse.	Je vais tout de suite téléphoner à Clarisse. (Il s'exécute.)

6° Je conserve le souvenir de mon choix

Comme la prise de décision nécessite une délibération où interviennent le mode rationnel et le mode affectif, elle implique un degré assez élevé de conscience. On ne fait pas de choix personnel en dormant, bien que, pendant le sommeil, plusieurs processus puissent contribuer à préparer un tel choix. C'est donc dire que tout choix personnel laisse une trace dans la mémoire. On ne se souviendra pas nécessairement du moment précis où un choix a été fait — bien que, souvent, ce soit le cas —, mais on sait que l'on a choisi.

Comme tous les critères que l'on utilise une fois que le choix a été fait, celui-ci comporte une difficulté : il est possible que le sujet ne puisse pas supporter les répercussions négatives d'un choix qui, selon les quatre premiers critères, devrait être considéré comme personnel. En conséquence, sous l'effet de la honte, de la culpabilité ou de la peur, cette personne peut être incapable de se rappeler avoir fait un choix personnel. Il s'agit là d'une forme de négation ou d'oubli défensif destiné à se libérer de sa responsabilité.

Sixième indice

Iapas Choisi	Ia Choisi
Je vais inscrire ce dîner dans mon agenda, sinon je risque d'oublier.	(Au téléphone, réagissant à l'attitude de Clarisse qui lui reproche d'avoir décidé de dîner avec le groupe plutôt qu'avec elle, il répond :) Je sais que ça nous complique la vie, mais mon choix est fait. J'ai opté pour ce qui me paraissait la meilleure solution.

7° J'assume la responsabilité de mon choix

Le critère qui, plus que tout autre, démontre qu'un choix personnel a été fait est la capacité d'en prendre la responsabilité. Même dans le cas d'une erreur, le simple fait de pouvoir qualifier d'« erreur » la décision prise indique sans équivoque qu'il y a manifestement eu un choix personnel. Le sujet peut analyser son action et la regretter. Il peut aussi découvrir, après coup, les éléments qui l'ont induit en erreur. Il peut même conclure que, si c'était à refaire, son choix serait différent. Mais ce sont là autant de réactions qui confirment qu'un choix personnel a été opéré. Le fait de conclure qu'il s'agissait d'un mauvais choix ne signifie aucunement qu'il n'y a pas eu de choix. C'est même le contraire ! En effet, un choix personnel implique, comme on l'a vu, le risque de se tromper. Ainsi on dit, à juste titre, qu'un ordinateur ne fait jamais d'erreur. On attribue les erreurs commises au programme, c'est-à-dire aux choix arrêtés par la personne qui a construit le programme.

Septième indice

Iapas Choisi	Ia Choisi
(Au téléphone, réagissant à l'attitude de Clarisse qui lui reproche d'avoir décidé de dîner avec le groupe plutôt qu'avec elle, il répond :)	(La conversation téléphonique avec Clarisse se poursuit. Celle-ci lui dit qu'il s'est encore fait manipuler par son directeur, ce à quoi il répond :)

→

Ce n'est pas ma faute, le directeur ne m'a pas consulté sur la date de ce dîner. (Clarisse lui rétorque qu'il aurait pu dire qu'il était déjà engagé.) Tu ne dirais pas cela si tu connaissais mon directeur. Il n'accepte pas une excuse aussi facile.	C'est possible, mais cela ne change rien au choix que j'ai fait, car je considère que c'est mieux que je sois présent à ce repas.

La remarque faite précédemment au sujet de l'oubli défensif s'applique encore davantage ici. Paradoxalement, la véhémence avec laquelle le sujet peut nier sa responsabilité laisse parfois soupçonner qu'un choix personnel a été fait, même si, pour des raisons d'insécurité personnelle, la personne est incapable d'en assumer les conséquences par la suite.

8° Je me sens autorisé à modifier mon choix

À l'exception des cas où le choix impliquait une action irréversible — détruire un document, par exemple —, la personne qui a fait un choix personnel se sent autorisée à réviser son choix et à le modifier. C'est une

Huitième indice

Iapas Choisi	Ia Choisi
(Au téléphone, réagissant face à l'insistance de Clarisse, il répond :) Je t'ai dit, Clarisse, qu'il n'y avait rien à faire…	(La conversation téléphonique avec Clarisse se poursuit. Celle-ci lui demande si quelque chose pourrait le faire changer d'idée, ce à quoi il répond :) Je ne vois pas ce qui pourrait me faire changer d'idée pour l'instant, mais si tu trouves d'autres arguments, je veux bien les entendre.

autre façon de vérifier si le centre de décision était réellement le sujet lui-même. Cette caractéristique distingue bien le choix personnel de la décision prise sous l'effet d'une contrainte sociale ou psychologique. Par exemple, une décision prise pour satisfaire son surmoi et éviter de vivre un sentiment de culpabilité est vécue comme irréversible, ce qui n'est pas le cas lorsqu'il y a un choix personnel.

LES INTENTIONS

L'expérience de choisir est associée aux intentions d'une personne. Dans le schéma de l'organisme humain, utilisé dans les chapitres précédents, l'intention se situe dans l'axe sensorimoteur qui relie la prise d'information (la perception des faits) et l'action. L'intention est l'élément qui précède immédiatement l'action. C'est l'aboutissement du traitement de l'information. L'expérience de choisir décrite plus haut suppose que l'on utilise délibérément l'axe affectivo-rationnel pour passer alternativement par le mode rationnel, le mode affectif et le mode imaginaire : c'est par un dialogue intérieur qui tient compte des ressentis et des idées, des émotions et des valeurs, qu'un choix personnel peut se faire.

Dans le processus d'actualisation, l'intention joue un rôle central. L'intention, dans le langage courant, désigne une activité consciente. Selon le *Petit Robert*, l'intention est « le fait de se proposer un certain but ». Plus personne, toutefois, ne remet en question l'idée que « l'organisme a ses visées que la personne ne connaît pas ». Une réflexion sur l'action nous oblige à élargir la notion d'intention pour y inclure, par analogie, « le fait de poursuivre un certain but à son insu ». On parle couramment de motivation inconsciente, d'agenda secret, d'intention cachée pour désigner cette dimension non consciente de l'action. Il arrive fréquemment qu'une personne ne sache quoi répondre lorsqu'on lui demande quelle est son intention dans une situation donnée (St-Arnaud, 1995b). Ou, ayant formulé une intention, elle peut se tromper quant à la véracité de celle-ci. Dans des situations tendues, par exemple, Argyris et Schön (1974) ont observé un écart systématique entre les théories que professaient la plupart des sujets lorsqu'on leur demandait d'expliquer leur action et les théories que l'on pouvait inférer par l'observation de cette action.

Afin de faciliter la compréhension du processus d'actualisation, nous utiliserons trois termes qui désigneront trois catégories d'intentions : « habitudes », « projets » et « désirs ». La notion d'habitude désignera toute action dont la source sera en dehors du champ de la conscience. Les deux autres catégories qualifieront l'intention selon l'importance relative accordée aux processus cognitifs et aux processus affectifs. La notion de projet désignera une intention davantage marquée par la rationalité (principes, valeurs, logique, etc.). La notion de désir fera référence à une intention marquée principalement par l'affectivité (émotions, goûts, attrait, etc.). Dans le schéma de l'organisme humain, repris dans la figure 3.2, ces trois types d'intentions apparaissent clairement. On y trouve aussi les valeurs, à mi-chemin entre les idées et les intentions. Dans le *Petit Robert*, on définit ainsi une valeur en langage courant : « [...] ce qui est vrai, beau, bien, selon un jugement personnel plus ou moins en accord avec celui de la société de l'époque [...] ». Dans le schéma, la notion de valeurs établit un pont entre les notions d'idées et d'intentions. Sa position signifie que les valeurs influencent l'élaboration d'un projet (dans le code de couleurs proposé au chapitre 1, la valeur est représentée par une teinte bleu pâle, mélange de blanc et de bleu [voir la figure 1.5]). À mi-chemin entre les ressentis et les intentions, se trouvent les émotions. L'émotion est une réalité particulièrement difficile à définir en psychologie (Kirouac, 1993). Toutefois, dans la mesure où elle oriente l'action, elle fait partie des processus motivationnels. Par sa position entre les ressentis et les intentions, l'émotion contribue à l'émergence d'un désir (dans le code de couleurs proposé au chapitre 1, l'émotion est représentée par une teinte rose, mélange de blanc et de rouge [voir la figure 1.5]).

L'habitude

La majorité des comportements humains sont subordonnés à des automatismes que l'on appelle des habitudes. Celles-ci sont représentées dans la partie droite de la figure 3.2 (p. 66). Bien qu'elles soient accessibles à la conscience (on peut constater que l'on agit de façon automatique), les habitudes forment un programme inscrit dans les structures non conscientes de l'organisme.

Les habitudes, en tant que telles, ne sont pas sources d'actualisation. Elles sont associées à la routine ou à des automatismes qui n'ont rien à voir avec l'action consciente ou réfléchie indispensable au processus d'actualisation. Si l'on restreignait la notion d'intention à son sens usuel, on devrait qualifier de non intentionnelle une action faite par habitude.

L'habitude est d'ailleurs le mécanisme privilégié par lequel le déterminisme influence l'action d'une personne. On connaît bien les processus par lesquels l'enfant acquiert les habitudes qui lui permettront de se plier aux contraintes de son milieu et de sa culture, ce non seulement pour survivre, mais pour se développer en mettant à profit tous les acquis de sa culture. Le rôle du surmoi, depuis les travaux de Freud, est considéré comme le répertoire des « intentions » qui guident l'action d'une personne jusqu'à ce que celle-ci soit en mesure de faire des choix personnels.

FIGURE 3.2 Les types d'intentions

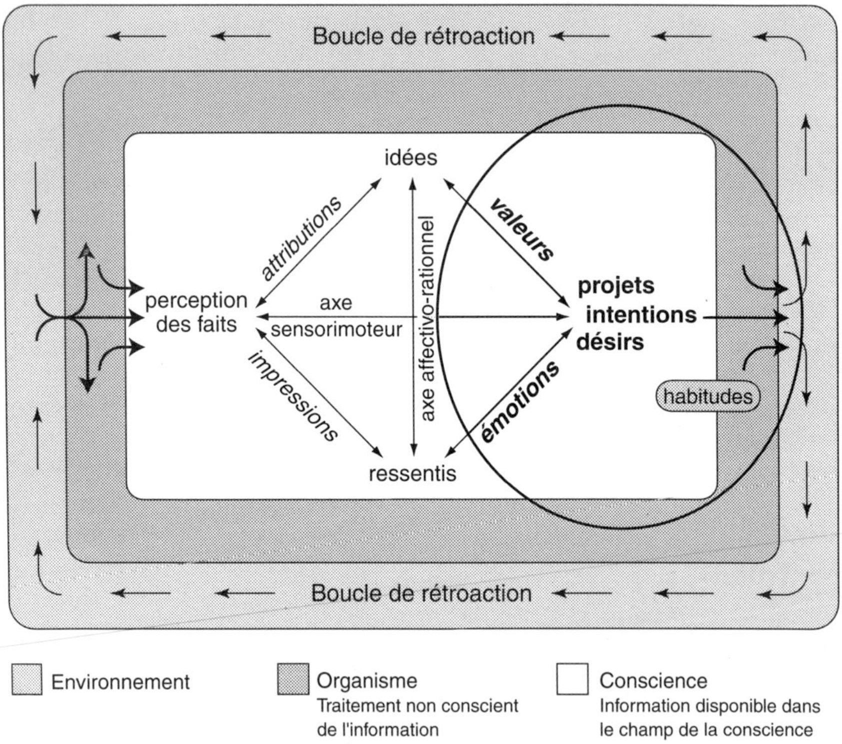

Pendant la petite enfance, les habitudes sont acquises par introjection, mécanisme qui consiste à faire passer du « dehors » au « dedans » les injonctions des personnes importantes. Chez l'adulte, il en va autrement. Les circonstances de la vie lui permettent progressivement de devenir conscient de ses habitudes, de les évaluer, de les assumer ou de les modifier à mesure qu'il construit son propre système de valeurs. L'habitude devient alors une façon d'accomplir les tâches quotidiennes qui n'exigent aucun choix particulier sans dépenser trop d'énergie.

Dans une démarche qui vise l'accélération du processus d'actualisation chez l'adulte, il est donc légitime de prendre la responsabilité non seulement des actions qui font l'objet d'un choix particulier, mais aussi de celles produites par habitude. En faisant de l'habitude une catégorie d'intention, on invite la personne soit à assumer les valeurs qu'elle a introjectées au cours de son développement socio-affectif, soit à modifier ses habitudes pour qu'elles soient plus cohérentes par rapport aux choix de vie qu'elle fait.

Dans le schéma de la figure 3.2, la notion d'habitude apparaît dans la partie qui symbolise l'organisme et le traitement non conscient de l'information au moment de l'action. Une partie du mot « habitudes » déborde cependant dans le rectangle intérieur qui symbolise le champ de la conscience. On peut en tirer l'interprétation suivante : bien que la raison d'une action puisse échapper momentanément à la conscience du sujet, celui-ci a tout au moins la possibilité de savoir qu'il agit par habitude. Il peut se voir agir même s'il ne commande pas consciemment son action.

Cette capacité de se voir agir par habitude est susceptible d'entraîner une réflexion favorable au processus d'actualisation. Dans certains cas, l'intention est facile à nommer. Par exemple, le mécanicien expérimenté qui exécute son travail par habitude peut rapidement expliquer la raison de ses gestes dès qu'on lui demande de la préciser. Il est toutefois des circonstances où les actions résistent à l'investigation, où l'on ne parvient pas à préciser son intention. En pareil cas, il arrive qu'une personne choisisse de se fier à ses habitudes et de renoncer à nommer son intention. Elle se satisfait alors de répéter, dans une situation particulière, un comportement qui s'est avéré efficace antérieurement. Si l'action devait un jour se révéler inefficace, il lui faudrait pousser plus loin sa réflexion et s'engager dans un processus d'actualisation qui exigerait une plus grande lucidité. Un test personnel d'efficacité pourrait alors être fort utile. Nous en proposons un exemple au chapitre suivant.

En définitive, la notion d'habitude permet de reconnaître et de prendre en considération l'influence des structures inconscientes sur toute action humaine, même celle qui fait l'objet d'un choix conscient. Depuis que la notion d'inconscient fait partie de nos modèles culturels, plus personne ne peut prétendre à une parfaite maîtrise de ses intentions. Les théories psychologiques avancées pour expliquer l'influence des structures inconscientes sur l'action humaine sont légion. Dans leur *Introduction à la psychologie de la motivation*, Vallerand et Thill (1993) s'interrogent sur « le rôle de la conscience dans la motivation » :

> On peut considérer que, sur ce point, les théories de la motivation se divisent en trois sous-ensembles répartis sur un continuum. À une extrémité, on trouve les théoriciens qui excluent le conscient et l'inconscient comme sources de motivation, car à leurs yeux, seules les forces de la situation comptent. Bien que ceux qui soutiennent cette position soient de plus en plus rares, des représentants de l'approche behavioriste radicale tels que Skinner (1953) font partie de ce groupe. Dans le second groupe, au centre du continuum, on retrouve les théoriciens qui sont d'avis que les cognitions sont accessibles à la conscience et qu'elles

> jouent un rôle déterminant dans le comportement. La plupart des chercheurs qui étudient le comportement humain selon des perspectives cognitive, sociale et humaniste se rattachent à ce second groupe. Enfin, à l'autre extrémité du continuum, le troisième groupe de théoriciens postule que les véritables forces motivationnelles sont inconscientes et peu accessibles. Freud, bien sûr, ainsi que des théoriciens de l'approche psychodynamique font partie de ce dernier groupe. (P. 23 et 24.)

Le lecteur aura compris que l'approche utilisée dans le présent ouvrage appartient au second groupe. Il y a lieu, toutefois, de tenir compte de l'influence des forces motivationnelles non conscientes. C'est par l'intermédiaire du concept d'habitude que cette influence est prise en considération. Comme l'objectif visé ici est de favoriser le processus d'actualisation, la personne devra souvent faire des choix sans connaître les sens cachés de ses intentions. Lorsqu'elle agira pour réaliser un projet ou satisfaire consciemment un désir, elle ne pourra jamais faire abstraction des structures inconscientes de son organisme. Il sera toujours possible que les manifestations conscientes de son intention ne soient que la pointe de l'iceberg, selon l'expression consacrée. Il n'en reste pas moins qu'en faisant un choix à partir de données conscientes, on utilise son pouvoir personnel et l'on favorise son actualisation, et ce même si l'on découvre, après coup, avoir agi en partie pour des motifs inconscients.

Il arrive qu'une personne soit incapable de rattacher son action à une intention consciente : elle semble alors agir sans désir et sans projet. Or, il faut admettre qu'en dépit de l'incapacité de la personne de nommer son intention, son action n'en est pas moins intentionnelle. Dans sa présentation des théories de l'inconscient, Petot (1993) en arrive à une conclusion en accord avec le modèle utilisé ici : « Un acte psychique n'est complet que lorsqu'il a un sens… Le sens dont il est question en psychanalyse est toujours un sens intentionnel : n'a de sens que ce qui exprime une intention, et par conséquent une motivation » (p. 184). Par définition, les structures inconscientes soumettent l'action à un programme (*pattern*) qui répète, dans une situation donnée, une façon de faire déjà acquise.

Dans le schéma de la figure 3.2, la composante non consciente se situe dans la zone intermédiaire de l'organisme. Les flèches qui relient cette zone à l'environnement soulignent l'influence qu'exercent les structures inconscientes sur les intentions et l'action. C'est dans la catégorie générale des habitudes que cette influence se situe.

Selon la position humaniste-existentielle, on peut s'actualiser tout en reconnaissant la dimension obscure de ses intentions. Ainsi, il y a toujours moyen de faire des choix personnels même lorsqu'une action est entreprise sous l'influence d'un trait névrotique ou d'une insécurité incompréhensible. Dans les dialogues utilisés plus haut pour distinguer le choix de la décision, on pourrait concevoir, par exemple, que Ia Choisi se tienne le discours suivant : « Rien ne m'oblige à assister à ce repas où je suis certain de m'ennuyer profondément, mais je me sentirai tellement coupable si je n'y vais pas, que le fait de m'ennuyer le temps d'un repas me semble un moindre mal. » Le déterminisme que l'on reconnaît en soi fait partie des contraintes qui limitent l'éventail des choix personnels. Il ne prive pas la personne de sa capacité de choisir, mais limite sa zone de liberté. Le troisième indice d'un choix personnel — je choisis de façon réaliste — présuppose la reconnaissance des limites personnelles liées à des conflits psychologiques non résolus et peut-être même insolubles (soi conflictuel).

Le projet

Contrairement à l'habitude, qui entraîne une action plus ou moins routinière, ou dénuée d'intention en apparence, le projet est une forme d'intention très consciente : il permet à la personne de préparer consciemment son action. Lorsque l'on élabore un projet, on est en mode rationnel ; lorsque l'on décide de l'exécuter, on est en mode intentionnel. La notion de projet a fait l'objet de recherches variées. Boutinet (1990, 1993) en a fait la synthèse dans son *Anthropologie du projet* avant d'élaborer une *Psychologie des conduites à projet*. Dans un chapitre où il traite du rapport qui existe entre le projet et la motivation, l'auteur souligne l'importance du mode rationnel chez la personne qui agit par projet :

> Ces paramètres du projet pourraient finalement se laisser réduire à une seule question qui les contient tous, celle de l'acteur et de sa motivation.
>
> La motivation... sera cette capacité de me déterminer des buts en fonction de motifs susceptibles de les justifier; elle se traduira dans ma capacité à mettre continuellement en relation motifs et buts et à les relativiser au regard d'autres projets possibles. (P. 89-90.)

Dans le schéma de la figure 3.2, le projet se situe dans la partie supérieure de l'axe affectivo-rationnel étant donné que la personne motivée par un projet utilise surtout ses processus cognitifs.

Le désir

La notion de désir n'est pas courante dans les études scientifiques de la motivation. Les théories psychanalytiques sont à peu près les seules à l'utiliser pour désigner le plus souvent des « désirs inconscients » ou des « désirs refoulés ». Il n'en demeure pas moins que, dans l'action courante, chacun utilise les manifestations conscientes du traitement affectif que fait son organisme de l'information disponible. On est souvent conscient d'agir par goût, par plaisir, par attirance, par appétit, par inclination, etc. Le mot « désir » est un terme générique qui englobe l'ensemble des intentions dont la composante affective est prédominante.

Le désir, comme toute intention, n'est pas déterminant, et ce bien qu'il oriente le choix d'une personne. C'est la personne globale qui choisit et détermine son action. Dans la délibération avec soi-même, il est utile cependant de reconnaître et d'accepter le caractère irrationnel des intentions qui se manifestent dans le champ de la conscience. Le désir est un produit des processus affectifs ; c'est dans l'expérience de choisir qu'il est évalué, en fonction d'un système de valeurs et de principes (produits des processus cognitifs), avant que la personne ne fasse le choix de le satisfaire ou non.

Dans le schéma de la figure 3.2, le désir se situe dans la partie inférieure de l'axe affectivo-rationnel, la personne qui agit par désir étant principalement en mode affectif.

L'intention complexe

Bien qu'il soit utile de distinguer trois types d'intentions, il convient de rappeler que l'intention est une synthèse du traitement qu'effectue l'organisme de toute l'information présente à l'intérieur de lui-même, aussi bien l'information qui demeure inconsciente que l'information disponible dans le champ de la conscience. À cet égard, la plupart des intentions sont complexes. On y trouve, selon une pondération variable, les trois composantes qui sont à l'origine de la typologie : la composante rationnelle, la composante affective et la composante non consciente.

On pourrait, par exemple, s'amuser à évaluer ses intentions en attribuant une valeur de 0 à 9 à chacune de ces trois composantes. En supposant que le premier chiffre représente la composante rationnelle, le deuxième, la composante affective, et le troisième, la composante non consciente (routinière), l'action de pure routine serait cotée 0-0-9. Le projet longuement mûri de cesser de fumer chez le sujet qui serait conscient des affres qui l'attendent, mais qui les accepterait, serait coté 9-0-0. Le désir de satisfaire une impulsion de cracher à la figure d'un interlocuteur chez une personne qui n'aurait jamais fait un tel geste serait coté 0-9-0. Puisqu'il s'agit de pondérer trois composantes, la somme des trois éléments de la cote devrait toujours donner 9. Par exemple, le projet-désir bien protégé et bien organisé de répéter l'expérience gratifiante d'un repas et d'une soirée agréable avec une amie pourrait être coté 4-4-1. Le lecteur est invité à coter ainsi quelques-unes de ses intentions pour en découvrir les composantes.

CONCLUSION

Le deuxième élément du processus d'actualisation suppose que l'on reconnaisse, chez tout être humain, un besoin et les moyens de s'autodéterminer. La disponibilité, décrite au chapitre précédent, augmente la quantité et la qualité des informations qui constituent la matière première du processus d'actualisation. Ces informations ne sont toutefois pas une condition suffisante pour qu'il y ait actualisation. En effet, une personne peut très bien être envahie d'informations tout en étant paralysée dans son action si elle ne parvient pas à intégrer les informations disponibles pour les canaliser vers une action efficace. C'est par l'intermédiaire du choix personnel qu'elle exercera ce contrôle et développera son pouvoir personnel.

Choisir ne présuppose en aucun cas que l'on échappe totalement au déterminisme. L'autodétermination est toujours relative. C'est pourquoi le réalisme, qui prend en considération tant les contraintes extérieures que celles qui sont intérieures, est une des caractéristiques du choix personnel. Même si un tel choix est un puissant accélérateur du processus d'actualisation, il n'est pas exigé dans l'action dite routinière. L'organisme humain étant construit pour l'action, toute l'information est d'abord traitée selon un axe sensorimoteur qui aboutit à trois types d'intentions. L'habitude est l'intention la plus économique mais la moins personnalisée puisqu'elle recourt aux programmes inconscients de l'organisme. Celui qui agit par habitude se branche, pour ainsi dire, sur une sorte de pilote automatique. À l'inverse, le projet et le désir sont des intentions qui utilisent toutes les possibilités de l'axe affectivo-rationnel. La personne qui tient compte de ses désirs et de ses projets débranche la commande automatique et passe en conduite manuelle. Elle n'est plus victime ni de ses habitudes, ni de ses projets, ni de ses désirs : elle devient proactive et assume la responsabilité de son action. Le véritable choix personnel est celui qui consiste à établir un équilibre situationnel entre l'habitude, le projet et le désir. Cela a pour résultante que celui qui fait un choix personnel se sent responsable de son action. Il lui reste, pour être efficace, à orienter celle-ci vers des objets qui répondront à ses besoins fondamentaux. Ce dernier élément du processus fait l'objet du prochain chapitre.

CHAPITRE 4

AGIR

Si une image vaut mille mots,
une action en vaut bien dix mille.

La troisième caractéristique d'une personne engagée dans un processus d'actualisation est son action efficace. Du point de vue de l'actualisation, une action est considérée comme efficace[19] lorsqu'elle apporte une réponse satisfaisante aux besoins naturels de l'acteur tout en respectant les contraintes de son environnement. Ayant déjà examiné les questions de la prise d'information (recevoir) et du traitement rationnel et affectif de cette information dans l'expérience de choisir, nous nous pencherons à présent sur l'action.

L'action implique toujours un comportement observable. Mais que faut-il entendre, précisément, par comportement ? Pour Nuttin (1980), le comportement est essentiellement une activité interactionnelle. Il en propose la définition suivante :

> Le terme comportement est couramment employé dans des significations très différentes. On parle du comportement des électrons dans un champ magnétique et du comportement d'un estomac soumis à l'action d'un élément chimique. En psychologie, il y a intérêt à réserver le terme pour la catégorie d'activités dirigées, par lesquelles un organisme, en tant que centre d'élaboration et d'utilisation d'information, agit sur les relations qui l'unissent au milieu. (P. 30-31.)

---

19. Pour une définition et une discussion du concept d'efficacité, voir Y. St-Arnaud, *L'interaction professionnelle, efficacité et coopération*, Montréal, Les Presses de l'Université de Montréal, 1995, chap. 1.

Nuttin (1980) adopte la perspective holistique de la psychologie humaniste : « Plutôt que de séparer cette catégorie d'activités en d'autres événements organiques, il est essentiel d'accentuer qu'elles font partie intégrante du fonctionnement global de l'organisme vivant » (p. 31).

Le processus d'actualisation a une incidence sur l'ensemble de l'organisme humain et ce n'est qu'à des fins d'analyse que l'on distingue ces trois opérations : recevoir, choisir et agir. Si l'on peut affirmer que l'opération de choisir constitue le pivot du processus d'actualisation (l'expression par excellence du facteur P), il y a lieu de considérer l'action comme son test ultime. C'est dans l'action que la personne vérifie la pertinence des choix qu'elle a faits et la qualité de l'information dont elle s'est servie pour opérer ces choix.

Dans le contexte de l'actualisation, l'action est la seule des trois opérations qui renvoie nécessairement aux deux autres. En effet, il est possible de développer une grande disponibilité face à l'information en provenance de son organisme et de son environnement sans développer en proportion égale son autonomie et son efficacité. Tout comme il est possible de devenir de plus en plus autonome dans ses choix personnels sans augmenter dans une même proportion sa disponibilité et son efficacité. On peut, par exemple, choisir de rester passif ou de négliger certaines sources d'information. En revanche, il est impossible d'être efficace dans l'action sans développer en même temps sa disponibilité et son autonomie. Bien sûr, une action donnée est dissociable de la capacité de recevoir et de choisir, mais on ne dira jamais qu'une action qui ne résulte pas d'un choix personnel est une source d'actualisation pour la personne.

L'action efficace suppose une bonne réception tant de l'information en provenance de l'extérieur que de celle émanant de son propre organisme. Sans une réception adéquate de la réaction de l'environnement vis-à-vis de son action, la personne est incapable d'apporter les correctifs requis pour que cette action devienne efficace. En règle générale, l'organisme humain évalue les effets de son action, comme l'indique la boucle de rétroaction représentée dans les schémas de l'organisme humain examinés précédemment (voir les figures 1.3, 1.4, 2.4 et 3.2). L'insatisfaction ressentie en présence des effets produits renseigne l'acteur sur son manque d'efficacité. Si, pour quelque raison que ce soit, il n'est pas disponible à l'égard de cette information, il continuera à agir sans obtenir les résultats visés.

Comme l'action est la mise en application des choix d'une personne, une faible autonomie limite aussi l'efficacité. Quand la personne agit par habitude, elle se soustrait par le fait même à son autocritique et risque d'être largement influencée dans son action par les normes et les valeurs de son milieu. En agissant ainsi, elle se prive de la capacité qu'elle a d'orienter elle-même son action pour la rendre efficace.

ACTION ET BESOINS

Dans une perspective d'actualisation, on considère qu'une action est d'autant plus efficace quand elle apporte une réponse satisfaisante aux besoins de la personne. La notion de besoin ne fait pas l'unanimité chez les chercheurs qui étudient le comportement humain. Dans leur *Introduction à la psychologie de la motivation*, Vallerand et Thill (1993) passent en revue l'ensemble des théories que les psychologues ont élaborées au sujet du « pourquoi » du comportement. Bien que la notion de besoin apparaisse déjà dans les premières théories psychologiques de la motivation (Hull, 1930), on l'a surtout utilisée dans les hypothèses humanistes que Vallerand et Thill (1993) résument ainsi :

> Dans une tradition qui considère qu'une personne donnée est entièrement différente des autres, les conceptions humanistes assument que le besoin d'autodétermination explique le fonctionnement d'une vaste gamme de comportements.
>
> [...] Ainsi, ce ne sont pas les contingences de renforcement qui constituent les déterminants des actions, mais les capacités d'autodétermination ou, plus précisément, les besoins innés d'autodétermination ou d'actualisation de soi. (P. 588.)

L'action d'une personne est soumise à deux types d'influences : celle du milieu, qui constitue une motivation extrinsèque, et celle de l'organisme lui-même, qui correspond à la motivation intrinsèque. Le processus d'actualisation consiste à privilégier cette dernière source de motivation en rattachant les intentions d'une personne — ses habitudes, ses projets ou ses désirs — à la satisfaction de ses besoins. On considère ainsi qu'une action efficace est celle qui répond à ses besoins. S'il est vrai que « notre organisme travaille pour nous » et qu'il est guidé par une tendance à l'actualisation, toute personne peut faciliter son processus d'actualisation en découvrant le profil de motivation sous-jacent à son action.

En dehors des milieux scientifiques, il existe souvent une réserve, voire une nette opposition, face à l'idée d'inviter une personne à satisfaire ses besoins. Cette attitude se fonde sur une fausse compréhension de la notion de besoin. En effet, on associe la satisfaction des besoins au repli sur soi (égocentrisme) et à l'absence de préoccupation sociale ou altruiste ; on oppose le développement de l'individu, auquel est reliée la notion de besoin, et le développement de la collectivité qui, selon la conception populaire, exigerait que l'individu renonce à la satisfaction de ses besoins. Cette vision résulte probablement du modèle conflictuel de l'actualisation présenté au chapitre 2 (voir la figure 2.1).

La psychologie scientifique, pour sa part, a retenu la distinction faite par Maslow (1968) entre le besoin par manque *(deficiency need* ou *D-need)* et le besoin de croissance (*being need* ou *B-need*). Dans cette dernière catégorie, Maslow réunit toutes les motivations qui ont pour effet d'amener la personne à se tourner vers l'extérieur d'elle-même. Ainsi il existe, sur le plan affectif, un besoin d'aimer l'autre (*B-love*) différent du besoin d'être aimé (*D-love*) et, sur le plan cognitif, un besoin de découvrir de nouvelles façons de penser (*B-knowing*) différent du besoin de trouver des réponses sécurisantes aux questions que l'on se pose (*D-knowing*). Cette distinction permet de relier la notion de besoin tant au dépassement de soi qu'à la protection de soi.

La théorie énoncée dans les pages qui suivent comprend trois composantes. Elle propose d'abord une définition des besoins dits naturels ou fondamentaux et une classification de ceux-ci en cinq catégories (voir l'encadré intitulé « Une typologie des besoins naturels »). En principe, les cinq catégories définies devraient regrouper tous les besoins humains. La classification proposée a été construite à partir de données recueillies au moyen d'instruments : questionnaires, tests psychologiques, grilles d'observation, interviews, etc. (St-Arnaud, 1983). La deuxième composante concerne l'établissement d'un ordre de priorité dans l'émergence des besoins, d'une sorte de hiérarchie des besoins. La troisième composante traite de la structure motivationnelle, une représentation de la façon dont les besoins influencent l'action quotidienne d'une personne. L'ensemble de la théorie étudiée est une synthèse et une adaptation que l'auteur a effectuées des différentes théories existantes et le résultat de ses propres recherches sur le terrain.

LA DÉFINITION DES BESOINS

De nombreuses théories de la personnalité ou de la motivation énoncent des lois du développement fondées sur la satisfaction des besoins (Buck, 1976 ; Weiner, 1980 ; Vallerand et Thill, 1993). Certaines conceptions font référence à un seul besoin qu'elles tiennent pour fondamental ; d'autres ont poussé beaucoup plus loin l'analyse de la motivation. Nuttin (1980) a fait la synthèse des théories antérieures aux années 1980. Il indique avec une grande précision comment s'opère la différenciation des besoins au cours du développement normal d'une personne et quels sont ceux dont la satisfaction est nécessaire au développement de la personnalité. La grille que nous proposons ici s'inspire de l'ensemble de ces théories, mais elle s'en éloigne en même temps en ce qu'elle vise à définir des indices d'actualisation. De plus, elle met de côté quantité de formulations abstraites — pertinentes dans un cadre théorique particulier — et les remplace par une description expérientielle. Cette grille comprend cinq catégories de besoins naturels ; la simple présence de ces besoins est un indice de santé psychologique, tandis que leur absence, du moins pendant une longue période, est l'indice d'un blocage dans le processus naturel d'actualisation d'une personne. La liste est présentée dans l'encadré intitulé « Une typologie des besoins naturels ».

Une typologie des besoins naturels

Type 1	**Bien-être** : Besoins liés à la santé et au plaisir.
Type 2	**Sécurité** : Besoins liés à l'argent et à la sécurité matérielle.
Type 3	**Considération** : Besoins liés au domaine de l'affection.
Type 4	**Compétence** : Besoins liés au domaine de l'action.
Type 5	**Cohérence** : Besoins liés au domaine de la connaissance.

La notion de besoin demande certaines précisions. Tantôt elle sert à décrire une expérience vécue dont la personne est parfaitement consciente : « J'ai besoin de... » ; tantôt elle est utilisée de façon plus abstraite pour décrire « une exigence née de la nature ou de la vie sociale » (*Petit Robert*). Dans ce dernier cas, le besoin ne se manifeste pas toujours dans le champ de la conscience. Il en est ainsi, par exemple, des besoins du corps en vitamines ou en quelque autre élément indispensable à la santé. Bien souvent, le sujet n'a jamais éprouvé ces besoins consciemment, même s'ils sont réels, et n'en a pris conscience que par l'intermédiaire d'agents extérieurs : à la suite d'une lecture, d'un avis médical, etc.

Étant donné la difficulté que pose cette double signification du mot « besoin », on lui préfère la notion d'intention pour décrire les manifestations de la motivation humaine. Au chapitre précédent, trois types d'intentions ont été définis : le projet, le désir et l'habitude. Lorsque l'intention se manifeste dans le champ de la conscience, on en précise l'orgine : selon que l'intention a une origine à prédominance rationnelle, on parle de projet ; selon que l'intention a une origine à prédominance affective, on parle de désir. Projets et désirs peuvent ainsi être considérés comme la manifestation dans le champ de la conscience — dans l'expérience quotidienne — des différents besoins de l'organisme humain. Le terme « habitude » est utilisé, pour sa part, lorsqu'un besoin guide une action à l'insu de la personne qui agit. Ainsi, le sujet peut avoir besoin de nourriture et satisfaire son besoin par habitude, en prenant ses repas à des heures fixes. Si le besoin n'est pas satisfait à temps, le désir de manger apparaîtra : l'individu pourra alors exprimer son besoin en nommant son désir : « J'ai le goût de manger » ou « J'ai faim ». Il peut aussi arriver qu'une personne ait l'intention de manger « pour prendre des forces », si elle est en mode rationnel, et qu'elle choisisse de satisfaire un besoin même en l'absence d'un désir de manger. Les besoins se manifestent donc par des désirs lorsque la personne se trouve en mode affectif et qu'elle est disponible à l'égard des messages envoyés par son organisme. Ils s'exprimeront par des projets lorsque la personne sera davantage en mode rationnel, et par des habitudes lorsque la personne, en mode intentionnel, agira de façon plus ou moins consciente.

Cette triple manifestation des besoins s'applique aux cinq catégories. En décrivant l'expérience vécue en tant que projet ou désir, et en utilisant le concept d'habitude pour désigner l'intention non consciente, on dispose de trois manifestations différentes du besoin de l'organisme. Chacun peut ainsi établir son profil de motivation, d'une part, en étant disponible face aux manifestations conscientes de ses besoins (ses désirs et ses projets), d'autre part, en réfléchissant à ses habitudes de vie, en recherchant ses intentions cachées.

La notion de besoin utilisée ici fait référence à ce que Nuttin (1980) a appelé « une conception relationnelle de la motivation ». Selon cette conception, la personne n'est jamais considérée comme une entité indépendante de l'environnement : « [...] le sujet fait partie intégrante d'une unité fonctionnelle et bipolaire que nous appelons l'unité individu-environnement (I-E) et en dehors de laquelle il n'existe pas » (p. 64). Dans ce contexte, le besoin est défini comme une exigence de l'organisme qui oriente l'action en vue d'une relation précise entre la personne et son environnement. Chacun des cinq types de besoins de la typologie précisera cette relation.

Le bien-être (type 1)

Grâce aux connaissances en psychophysiologie, l'étude des besoins de type 1 est très avancée. Des centres nerveux précis et des modifications hormonales sont directement associés à chacun de ces besoins. La notion de plaisir est aussi reliée à ce type de besoin, puisque c'est à travers l'expérience générale du plaisir que l'organisme est renseigné sur son bon fonctionnement. Le médecin se réfère régulièrement aux manifestations de ces besoins pour établir si la santé d'un patient est bonne ou mauvaise. Sur le plan psychologique, le plaisir des sens apparaît aussi comme un signe positif par rapport à l'actualisation d'une personne.

Un besoin de type 1 est défini comme une exigence de l'organisme qui oriente l'action en vue d'établir une relation entre l'individu et un objet, une personne ou un événement (nourriture, lit confortable, activité physique, activité sexuelle), dont la perception prend la forme d'une sensation de plaisir (goût, bien-être et, de façon générale, toute expérience dite sensuelle). On dit des besoins de type 1 qu'ils sont liés à la santé et au plaisir. On peut les reconnaître à partir de l'effet produit dans l'organisme lorsque les buts sont atteints.

La sécurité (type 2)

Tous les besoins de type 1 orientent l'organisme vers des objets ou des événements qui entraînent une sensation immédiate de plaisir. Malheureusement, il existe des actions dont la nature n'est pas aussi simple à définir. Ainsi en est-il des actions répondant aux besoins de type 2, qui concernent la sécurité matérielle, et qui sont reliées indirectement à la satisfaction des besoins de type 1. Par exemple, lorsqu'un individu se construit ou achète une maison, il manifeste des intentions liées indirectement au plaisir et à la santé. Comme les besoins de type 1 font partie de la vie quotidienne et sont considérés comme essentiels à la survie, chacun prévoit des moyens pour les satisfaire à long terme.

Un besoin de type 2 est défini comme une exigence de l'organisme qui oriente l'action en vue d'une relation avec un objet, une personne ou un événement dont la perception apporte l'assurance d'une satisfaction à long terme des besoins physiques. Dans nos sociétés modernes, qui dit « sécurité » dit « argent » (objet), « opérations financières » et « activités rémunérées » (événements). Le terme « assurance » utilisé dans la définition évoque une institution sociale (assurance-vie, assurance-maladie, assurance-n'importe quoi) qui repose précisément sur la présence des besoins de sécurité matérielle.

Une précision supplémentaire s'impose concernant l'expression « besoins de sécurité » : elle est souvent employée pour désigner des expériences d'un type différent du type 2 de notre classification. Pensons à l'expérience bien connue de Harlow (1962), qui comparait chez des bébés singes l'attrait qu'exerçait une « mère de broche », qui consistait en une structure métallique à laquelle on avait fixé un biberon, et celui qu'exerçait une « mère moelleuse », qui était en réalité un mannequin recouvert de tissus agréables au toucher. Il a démontré qu'en cas de danger, le bébé se dirige spontanément vers la mère moelleuse, associée à la sécurité selon le chercheur. D'autres recherches (Anzieu et coll., 1974) ont aussi montré que certains enfants deviennent anxieux s'ils perdent le contact visuel avec leur mère lorsqu'ils se déplacent pour explorer un lieu inconnu. Le besoin de sécurité dont il est question dans ces différents contextes n'entre pas dans la catégorie des besoins de sécurité matérielle. Il s'agit plutôt de sécurité psychologique. D'une certaine manière, ces expériences répondent à la définition des besoins de type 1 lorsque la perception d'un objet ou d'un événement est directement associée à un plaisir sensuel (comme dans le cas de la mère moelleuse). D'autres aspects de la sécurité psychologique seront traités dans la description des besoins de types 3, 4 et 5.

La considération (type 3)

Au-delà des types 1 et 2 décrits plus haut, la description des besoins psychologiques pose bien des difficultés terminologiques. De nombreux théoriciens considèrent même qu'il est impossible de procéder à une analyse rigoureuse des expériences associées à ces besoins. Par exemple, le behaviorisme classique les tenait tout au plus pour de simples manifestations secondaires d'habitudes acquises par le renforcement des comportements associés aux besoins de type 1. Pour sa part, la psychanalyse traditionnelle a vu dans les besoins psychologiques une sublimation des besoins qui sont fondamentalement associés à la recherche du plaisir (la libido) et ne dépassent pas le premier type de besoins. Malgré les difficultés réelles que présentaient leur étude, certains chercheurs n'ont jamais renoncé à mettre de l'ordre dans les expériences reliées aux besoins de types 3, 4 et 5.

Dans notre grille, des catégories distinguent les relations que l'individu établit avec son environnement dans les domaines de l'affection (type 3), de l'action (type 4) et de la connaissance (type 5). Le domaine affectif demeure sans contredit le domaine qui présente le plus de problèmes sémantiques. À lui seul, le mot « amour » a suscité et suscite encore de nombreux débats sur le terrain de la psychologie scientifique. L'acharnement avec lequel certains théoriciens nient l'existence même d'un besoin d'aimer et d'être aimé — c'est, par exemple, la position de Ellis (1973, 1977), popularisée au Québec par les ouvrages de Auger (1974, 1977, 1979) — illustre bien les difficultés méthodologiques que pose l'étude des expériences liées à la vie affective.

Pour le praticien, une chose est certaine : des milliers de personnes ne parviennent pas à satisfaire ce qu'elles appellent « leurs besoins d'affection » ; on aura beau reformuler leurs plaintes, les traduire dans un langage plus technique, commandé par les a priori d'une approche particulière, le fait qu'il existe dans leur demande des signes précis d'exigences naturelles de l'organisme humain demeurera.

La difficulté de traiter des besoins liés au domaine affectif commence avec l'usage même du mot. En consultant le *Petit Robert*, on y trouve deux définitions différentes du mot « affection » : 1° « État affectif, état psychique accompagné de plaisir ou de douleur » et 2° « Sentiment tendre qui attache à quelqu'un ». Dans le premier cas, on parle d'affect, dans le second, d'affection. Au cours de l'analyse des besoins de type 3, nous ferons référence à la deuxième acception du mot. Dans notre définition des besoins de type 3, pour éviter toute confusion, nous éviterons d'utiliser les termes « aimer » et « être aimé », et nous ne ferons aucune référence à l'affection ressentie par le sujet qui vit de tels besoins. Nous emploierons plutôt le terme « considération » parce qu'il permet de couvrir toute la gamme des exigences qui guident l'action d'une personne dans le domaine affectif, depuis le besoin élémentaire d'être respectée, jusqu'à celui d'être désirée dans une relation amoureuse intime et privilégiée, en passant par les besoins d'estime, de valorisation, d'admiration, de compassion, de cordialité, d'amitié, etc. Le besoin de considération est défini comme une exigence de l'organisme qui oriente l'action en vue d'une relation personnelle avec un partenaire en présence duquel on se sent bien d'être ce que l'on est. La personne qui reçoit une réponse favorable à son besoin de considération peut toujours dire « je me sens bien », ou « je me sens à l'aise » en présence de cette personne.

Cette définition ne résout pas tous les problèmes — il reste beaucoup à faire avant de circonscrire l'expérience affective —, mais elle est suffisante en ce qu'elle permet de repérer les indices précis de l'actualisation dans le domaine affectif. Il faut cependant spécifier de quel bien-être il s'agit. À la limite, pourrait-on dire que l'on aime la personne qui, au restaurant, dépose un plat succulent devant nous ? Selon la définition citée plus haut, le bien-être n'est pas relié à ce que fait l'autre, mais à sa simple présence. Cette définition précise encore qu'il s'agit d'une relation personnelle, ce qui élimine les rapports anonymes et le genre de bien-être que certains ressentent au milieu d'une foule. Enfin, la notion de partenaire — sous-entendons partenaire affectif — spécifie le type de relation dont il s'agit ; ce terme évoque un lien assez étroit pour que chacun nourrisse des attentes à l'égard de l'autre dans le domaine affectif.

Au-delà des mots eux-mêmes, la controverse parmi les psychologues porte principalement sur la question suivante : pour s'actualiser, est-il nécessaire que le sujet satisfasse son besoin de considération ? Le défaut de satisfaction de ce besoin pourrait-il être la source d'un fonctionnement défectueux ? C'est du moins l'opinion de la plupart des psychologues praticiens qui voient dans l'émergence périodique de cette « exigence de l'organisme » un indice précis de santé mentale. En conséquence, une action qui répondra efficacement à cette exigence sera considérée comme une source d'actualisation.

La compétence (type 4)

Par le passé, les besoins relevant du domaine affectif ont souvent occupé une place prédominante dans l'abondante documentation consacrée à la motivation et à la personnalité. Encore aujourd'hui, on continue à associer le développement psychologique à la satisfaction des besoins de considération. Or, d'autres besoins susceptibles de fournir eux aussi des indices sur le processus d'actualisation ont été étudiés. Il s'agit de besoins relevant du domaine de l'action ou, plus précisément, de besoins permettant à l'individu d'exercer une plus grande influence sur son environnement. Dans le passé, les recherches sur les animaux avaient permis de définir certains besoins que l'on ne pouvait attribuer à des mécanismes aussi précis que ceux de la faim ou de la soif. On a ainsi démontré (Buck, 1976) que la curiosité, la stimulation sensorielle, l'activité corporelle et la manipulation d'objets étaient des facteurs importants de motivation. À première vue, ces besoins pourraient répondre à la description générale des besoins de type 1. Mais ces recherches, menées selon la tradition expérimentale la plus pure, ont contribué à faire éclater le cadre restreint des théories homéostatiques visant à expliquer le comportement motivé. Elles ont favorisé le rapprochement entre la recherche expérimentale et les théories de la psychologie professionnelle. Un concept clé est apparu, celui de « compétence », proposé par White (1959) pour résumer les conclusions des recherches sur la motivation. Cette notion de compétence fait aujourd'hui partie du vocabulaire scientifique. Buck, dès 1976, y consacrait un chapitre complet dans son traité sur la motivation. Plus récemment, les théories de Deci et Ryan (1985) ont établi un lien étroit entre l'actualisation et la compétence. Voici comment Pelletier et Vallerand (1993), pour leur part, formulent cette évolution de la recherche :

> Enfin, il semble opportun d'ajouter que certains auteurs ont établi un lien étroit entre les besoins de compétence et d'autodétermination. Par exemple, Angyal (1941) a proposé que le développement humain était caractérisé par un mouvement vers une plus grande autonomie et qu'un tel mouvement était tributaire du développement continuel des compétences de la personne. En d'autres termes, la personne doit avoir la compétence nécessaire pour s'autodéterminer dans ses diverses transactions avec son environnement. Sinon, l'environnement risque de contrôler la personne et sa démarche vers l'autonomie sera ralentie ou carrément arrêtée. Par ailleurs, Deci (1975), et Deci et Ryan (1985) présentent la position complémentaire de celle d'Angyal en soutenant qu'afin de se développer de façon harmonieuse et complète, l'être humain doit viser une compétence autodéterminée. Sans cette autodétermination sous-jacente aux perceptions de compétence, la force motivationnelle de la personne se trouve diminuée. (P. 253.)

Selon la grille des indices d'actualisation, un besoin de type 4 correspond à une exigence de l'organisme qui oriente l'action en vue de maîtriser par l'action (verbale ou non verbale) une partie de son environnement.

La cohérence (type 5)

L'étude d'un dernier secteur de l'activité humaine, celui de la connaissance, permet de déterminer un cinquième type d'indices utilisable dans l'évaluation de la démarche d'actualisation. Il n'est pas toujours facile de distinguer le domaine de la connaissance du domaine de la réalisation, surtout lorsque l'on se réfère à une théorie de l'intelligence comme celle de Piaget, essentiellement fondée sur l'activité sensorimotrice.

Toutefois, la distinction est utile sur le plan de la motivation puisqu'elle a permis de définir certains indices particuliers de l'actualisation. C'est le terme « cohérence » qui sert à désigner les besoins du type 5. Un besoin de cohérence est défini comme une exigence de l'organisme qui oriente l'action en vue d'avoir accès à des sources de connaissances permettant d'organiser de façon significative les perceptions que l'on a de soi-même et de l'environnement dans lequel on vit. Cette définition implique, ici comme ailleurs, qu'il existe une relation entre l'individu et son environnement. Mais une distinction s'impose. Dans le cas présent, la relation s'établit de façon symbolique ; autrement dit, elle s'opère par l'intermédiaire de représentations mentales : fantaisies, images, concepts. Cette relation s'apparente en partie à la relation décrite dans le type précédent (besoin de compétence). En effet, on peut considérer le but visé par cette relation comme une certaine forme de maîtrise de l'environnement. Mais, contrairement à ce qui se déroule dans la relation associée au besoin de compétence, dans ce cas-ci, la maîtrise ne s'opère plus par une action verbale ou non verbale, mais par une activité intérieure qui n'est pas toujours directement observable dans le comportement.

De tous les besoins inclus dans la grille d'analyse, le besoin de cohérence est le plus difficile à observer. À l'opposé du besoin de considération, qui crée invariablement une interaction, ou du besoin de compétence, qui se traduit par un mouvement, une action, le besoin de cohérence n'a pas toujours un effet extérieur et n'entraîne donc pas toujours un déplacement dans l'espace. Il a souvent comme effet de ralentir toutes les autres activités : sous l'emprise de ce besoin, le sujet est porté à s'isoler, à se tranquilliser ou à faire le vide, de façon à favoriser un état de conscience favorable à la réflexion. Toutefois, le ralentissement des activités ne constitue pas un indice infaillible de la présence du besoin de cohérence, puisqu'il peut tout aussi bien s'exprimer par une activité physique, verbale, etc. On sait à quel point il est malaisé de déterminer, au cours d'une conversation, si l'intention d'un acteur est de trouver des réponses à des questions qu'il se pose, de dominer l'autre ou de se sentir valorisé par l'autre. À cet égard, on mentionne souvent le comportement de l'enfant qui, à une certaine époque de sa vie, pose beaucoup de questions : l'âge du « pourquoi ». Encore là, il est très difficile de savoir si l'enfant éprouve un besoin d'ordre affectif (besoin d'attention, de considération, etc.) ou un besoin explicite de cohérence. Chez l'adulte, la différenciation est possible et utile étant donné qu'une partie importante de ses activités est susceptible d'être consacrée à la satisfaction des besoins de cohérence. Nuttin (1980), dans une étude exhaustive sur la motivation humaine, conclut ainsi la partie de son traité concernant cet aspect de la motivation :

> En un mot, il y a lieu d'admettre que l'homme est motivé à se construire — ou à démolir — un système de référence intégral qui le renseigne sur sa place et celle des choses dans l'ordre réel. Il tend à attribuer une « valeur de réalité » aux conceptions — fussent-elles agnostiques — qu'il accepte en cette matière. Une fois acceptée, une telle conception globale tend à se maintenir et à se défendre contre des perceptions discordantes (Festinger, Riecken et Schachter, 1956). En acceptant ou en niant la valeur de telles conceptions générales, l'homme cherche, apparemment, à donner à sa vie une certaine consistance interne et un sens, grâce au contact qu'il établit ainsi avec « l'ordre réel ». C'est en vertu du même souci de réalité que certains se refusent à de telles conceptions qu'ils appellent « illusoires ». Le souci profond de rejoindre la réalité des choses paraît être un trait important de la motivation humaine au niveau supérieur de son développement cognitif. (P. 181.)

C'est surtout aux théoriciens et aux praticiens regroupés sous l'étiquette de la psychologie existentielle que nous devons la définition de ces besoins. Par exemple, Frankl (1967) a fondé toute son approche thérapeutique, la logothérapie, sur la capacité de donner un sens à sa vie. À l'inverse, on pourra conclure que l'incapacité de donner un sens à sa vie — sentiment de vide ou d'absurdité — est souvent synonyme de difficultés dans la démarche d'actualisation d'une personne.

LA HIÉRARCHIE DES BESOINS

Bien que l'on reconnaisse l'importance de tous les besoins définis dans la typologie précédente, on s'accorde pour dire que, dans une situation donnée, certains de ces besoins ont priorité sur les autres. La notion de hiérarchie des besoins rend compte de ce système de priorités. Par exemple, lorsqu'une personne éprouve au même moment une grande fatigue physique et un vif désir de revoir un ami cher qu'elle n'a pas vu depuis longtemps, elle commence normalement par dormir avant de

FIGURE 4.1 La hiérarchie des besoins

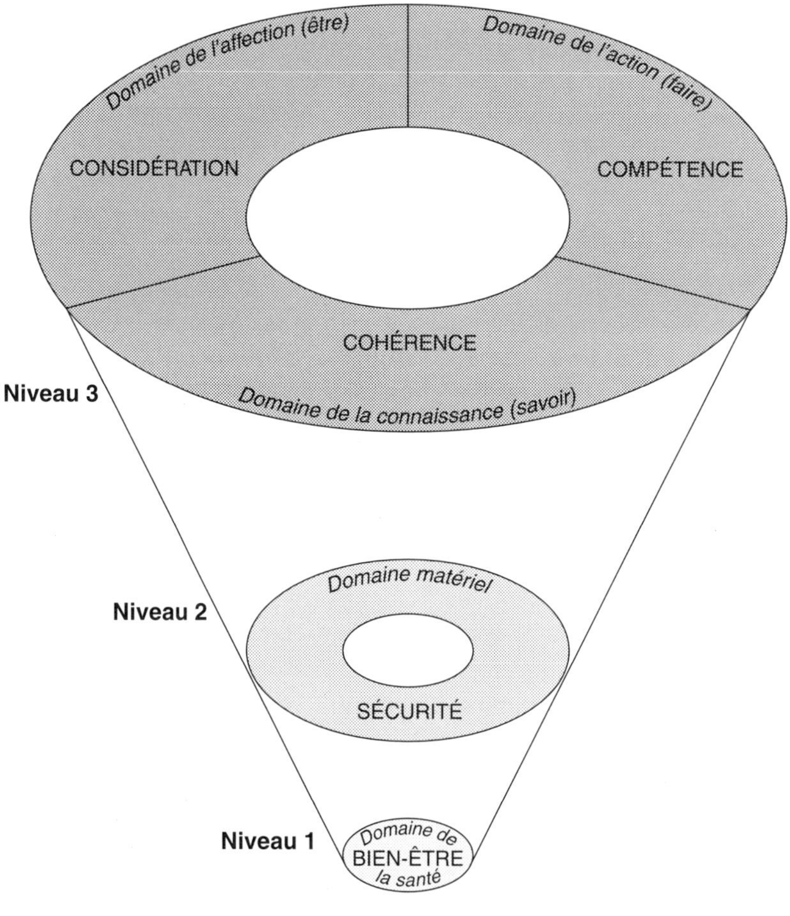

chercher à communiquer avec l'être qui lui manque. Il en va de même du sujet qui, plongé dans la lecture d'un livre, est soudainement surpris par l'inconfort de la faim ; en règle générale, il contentera son estomac avant de poursuivre sa lecture.

La figure 4.1 propose un schéma à trois niveaux : le premier correspond aux besoins de bien-être (type 1), le deuxième, aux besoins reliés à la sécurité matérielle (type 2), et le troisième, aux trois autres types de besoins, à savoir les besoins de considération (type 3), de compétence (type 4) et de cohérence (type 5). En dépit des nombreux efforts de la part des chercheurs pour déterminer si l'un ou l'autre des besoins de ce troisième niveau avait une quelconque prépondérance, on n'a jamais réussi à établir de classement. C'est pourquoi les besoins de types 3, 4 et 5 sont tous représentés sur un même plateau[20].

La hiérarchie proposée à la figure 4.1 n'est pas absolue, car il faut tenir compte du seuil de tolérance de chacun à l'égard de la frustration et du degré de discipline personnelle pour pouvoir déterminer le besoin auquel une personne répond en priorité. Toutefois, cette hiérarchie indique que, dans les situations limites, les besoins d'un niveau inférieur ont priorité sur les besoins d'un niveau supérieur. C'est l'organisme dans son ensemble qui semble imposer une telle hiérarchie, indépendamment des intentions conscientes et des choix personnels de chacun.

Dans le processus d'actualisation, la valeur respective que chacun accorde aux différents types de besoins ne correspond toutefois pas à l'ordre d'apparition des besoins adopté dans cette hiérarchie. Au contraire, il est intéressant d'observer la variété des cheminements personnels par rapport aux cinq types de besoins. La forme pyramidale utilisée pour représenter la hiérarchie des besoins met en relief le fait que la personne passe à un niveau supérieur lorsque son énergie n'est plus mobilisée pour satisfaire les besoins d'un niveau inférieur.

Comprimons les trois niveaux de façon à obtenir la représentation graphique de la figure 4.2. Les cinq catégories sont devenues cinq zones à partir desquelles on a la possibilité de constituer une carte des besoins. On trouve, au cœur du schéma, le niveau prioritaire ; dans un deuxième cercle, figure la zone des besoins liés à la sécurité matérielle ; enfin, dans la zone périphérique, sont réunis les besoins de niveau 3. Pour illustrer l'importance relative que chaque individu accorde aux différents types de besoins et l'énergie qu'il consacre à la satisfaction de ceux-ci, nous allons modifier cette carte des besoins. Chaque configuration correspondra à ce que l'on peut appeler un « style d'actualisation ».

---

20. La présentation sous forme d'une pyramide renversée exige une explication. Déjà Maslow avait utilisé cette forme pyramidale pour présenter sa hiérarchie. Dans cette dernière, les besoins de type 1 apparaissent au bas de la pyramide et constituent la partie la plus large. L'auteur mettait ainsi l'accent sur le caractère prioritaire de ces besoins. L'actualisation de soi est représentée au sommet de la pyramide et correspond au développement des fonctions supérieures de la personne. Dans la pyramide renversée utilisée ici, la signification est différente : on parle non plus de cette forme privilégiée qu'est l'actualisation de soi, mais du processus global d'actualisation qui influence tous les aspects de la personnalité. Le renversement de la pyramide a donc cette signification particulière : même si les besoins de type 1 demeurent prioritaires dans le développement de la personne, c'est à mesure que celle-ci accède aux niveaux supérieurs de la pyramide qu'elle trouve, dans les domaines de l'affection, de l'action et de la connaissance, des possibilités accrues de s'actualiser.

FIGURE 4.2 La carte des besoins

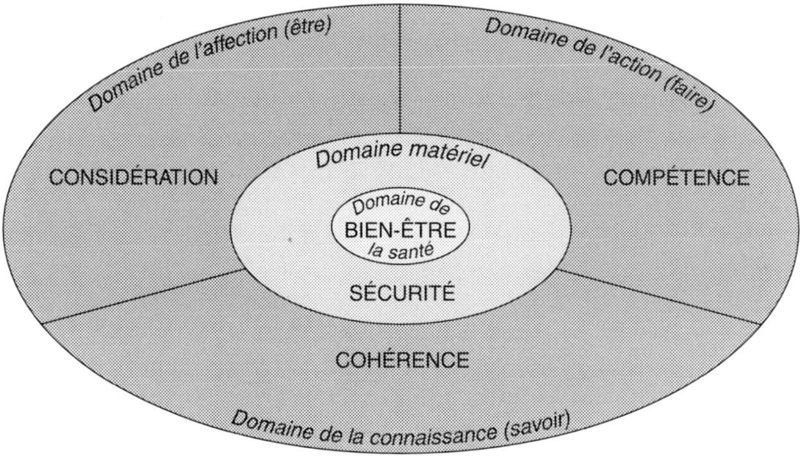

Les figures 4.1 et 4.2 représentent le style d'actualisation typique d'un sujet adulte, en bonne santé, appartenant à la classe moyenne d'une société assez respectueuse des droits de la personne. La zone du niveau 1 est assez petite étant donné que la personne en santé a établi une routine lui permettant de répondre sans problème à ses besoins de niveau 1. La zone du niveau 2 présente une superficie moyenne ; cela indique que le sujet a une source de revenu suffisante et qu'il ne se fait pas de souci particulier au sujet de sa sécurité matérielle — contrairement, par exemple, à l'individu qui devrait cumuler deux ou trois emplois pour arriver à boucler son budget. Il en résulte une libération de l'énergie que le sujet consacrera principalement à la satisfaction des besoins du niveau 3. La surface équivalente des besoins de considération (type 3), des besoins de compétence (type 4) et des besoins de cohérence (type 5) indique que le sujet répartit son temps et son énergie en proportion à peu près égale entre ces trois secteurs d'activité. N'oublions pas, toutefois, que l'application d'un tel schéma ne prend pas en considération, par exemple, les périodes où toute l'énergie de la personne pourrait être mobilisée pour lutter contre une grippe.

Les schémas des figures 4.3 à 4.7 illustrent quelques autres styles d'actualisation. Il ne s'agit pas, à proprement parler, d'une typologie puisque les styles peuvent varier à l'infini, mais ces exemples nous renseignent sur la façon d'utiliser la carte des besoins pour décrire un style particulier par rapport à la satisfaction des besoins naturels. On peut désigner les styles selon le besoin qui mobilise, de façon régulière, la plus grande quantité d'énergie : le style « bon vivant » (voir la figure 4.3), propre à la personne qui consacre beaucoup de temps et d'énergie à la satisfaction des besoins du niveau 1 et qui accorde une importance primordiale à son bien-être physique ; le style « prévoyant » (voir la figure 4.4), propre à la personne qui consacre beaucoup de temps et d'énergie à la satisfaction des besoins du niveau 2 et qui accorde une importance primordiale à sa sécurité matérielle ; le style « sociable » (voir la figure 4.5), propre à la personne qui consacre beaucoup de temps et d'énergie à la satisfaction des besoins de considération, de niveau 3, et qui accorde une importance primordiale à sa vie affective ; le style « actif » (voir la figure 4.6), propre à la personne qui consacre beaucoup de temps et d'énergie à la satisfaction des besoins de compétence, de niveau 3, et qui accorde une importance primordiale à l'action ; le style « réflexif » (voir la figure 4.7), propre à la personne qui consacre beaucoup de temps et d'énergie à la satisfaction des besoins de cohérence, de niveau 3, et qui accorde une importance primordiale à la connaissance et à la réflexion. Il ne s'agit là que d'exemples et aucune typologie ne saurait rendre compte de la variété des modalités d'actualisation. Ces exemples pourront toutefois aider le lecteur à construire sa propre carte personnelle, à retracer différents schémas qui ont marqué son histoire individuelle ou à créer le schéma vers lequel il désire se diriger. Il suffit de faire varier les cinq zones du schéma selon l'énergie et le temps consacrés à la satisfaction de chaque type de besoin au cours d'une période donnée ; ce pourrait être une semaine ou un mois, par exemple.

Le style bon vivant

Le schéma de la figure 4.3 illustre le style d'actualisation propre à une personne qui attache beaucoup d'importance au bien-être physique, au plaisir ou à la santé.

Le terme « bon vivant » met l'accent sur la recherche du plaisir. Le *Petit Robert* désigne par cette expression tout individu « d'humeur joviale et facile qui aime les plaisirs ». Une personne correspondant à ce style consacre beaucoup plus de temps et d'énergie que la moyenne des gens de son entourage à la recherche de son bien-être. Selon les nuances que l'on désire apporter, on peut tout aussi bien parler de style épicurien, sensuel, jouisseur, etc. La description de ce style, tout comme celle des autres styles, ne comporte aucun jugement de valeur.

Du point de vue de l'actualisation d'une personne, il n'existe aucun style meilleur qu'un autre. Seuls les degrés extrêmes — disons moins de 20 p. 100 et plus de 80 p. 100 du temps et de l'énergie d'une personne consacrés à la satisfaction d'un seul type de besoin — peuvent signifier une

FIGURE 4.3 Le style bon vivant

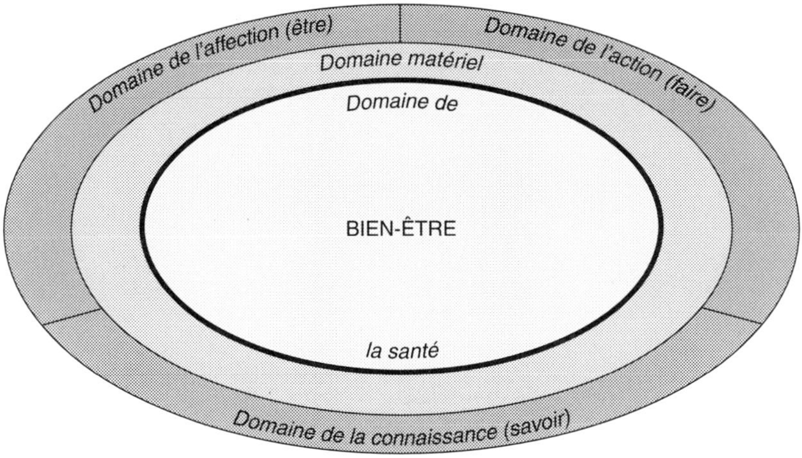

déficience importante du processus d'actualisation. Bien sûr, pour chaque catégorie de besoin, on pourrait évoquer des perturbations ou des pathologies : par exemple, dans le domaine du bien-être, la boulimie, l'anorexie et l'insomnie sont autant d'indices de déséquilibre dans la satisfaction des besoins de type 1 ; mais l'examen de ces perturbations dépasse largement le cadre du présent ouvrage.

Sans entrer dans le domaine de la pathologie, toute personne peut évaluer si un domaine d'activités donné se situe à l'intérieur de son soi intégré ou à l'intérieur de son soi conflictuel. En effet, la correspondance à un style ne signifie pas nécessairement une harmonie à l'intérieur du domaine privilégié. Par exemple, une recherche intense de plaisir peut être néfaste pour la santé ; pensons aux cas d'embonpoint, de tabagisme ou de toxicomanie. L'actualisation suppose donc chez la personne caractérisée par le style bon vivant — et cela est applicable à tous les styles — la capacité de recevoir l'information, de faire des choix personnels et d'agir de façon efficace, bref les trois clés de tout processus d'actualisation.

Le style prévoyant

Le schéma de la figure 4.4 (p. 90) illustre le style d'actualisation propre à une personne qui attache beaucoup d'importance à la sécurité matérielle, associée à la possession de biens et à l'argent.

FIGURE 4.4 Le style prévoyant

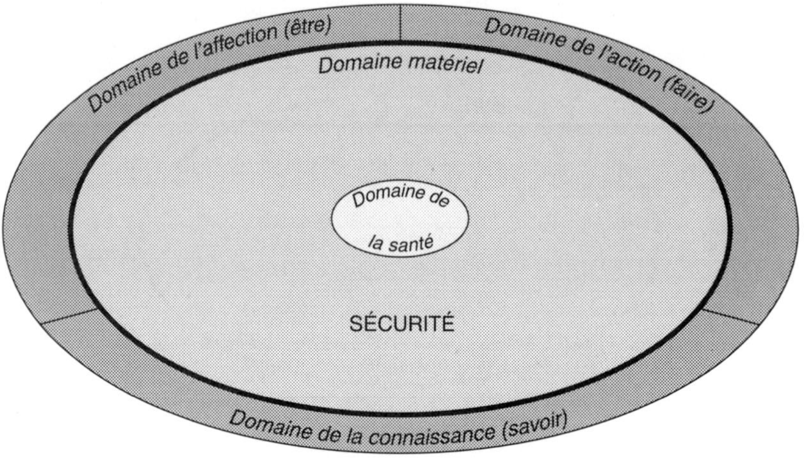

Le terme « prévoyant » met l'accent sur la recherche de sécurité matérielle à long terme. La personne caractérisée par le style prévoyant est toujours soucieuse de ne pas manquer d'argent ; elle consacre beaucoup plus de temps et d'énergie que la moyenne des gens de son entourage à accumuler des biens matériels et de l'argent. Selon les nuances que l'on désire apporter, on peut tout aussi bien parler de style économe, parcimonieux, ménager, etc.

Les raisons qui poussent une personne à adopter un style plutôt qu'un autre sont très variables et il n'est pas indispensable de les connaître pour s'actualiser selon ce style. Comme le style bon vivant, ce style entraîne des perturbations (l'avarice, la mesquinerie, etc.) lorsque ce domaine d'activités entre dans le soi conflictuel. Par exemple, une personne qui aurait souffert d'une pauvreté extrême et d'une insécurité financière chronique dans son enfance pourrait se consacrer de façon démesurée à la satisfaction des besoins de sécurité matérielle. Il est possible aussi que ce style soit le résultat d'un simple apprentissage social fait dans un milieu où la richesse et les biens matériels étaient hautement valorisés. Les remarques faites pour le style précédent s'appliquent ici : à moins d'une mobilisation extrême d'énergie (moins de 20 p. 100, ce qui pourrait se traduire par une attitude d'insouciance, ou plus de 80 p. 100, ce qui pourrait être l'indice d'une insécurité très grande), le style prévoyant permet l'actualisation de la personne dans la mesure où il ne l'empêche pas d'utiliser sa capacité de recevoir, de choisir et d'agir efficacement.

Le style sociable

Le schéma de la figure 4.5 illustre le style d'actualisation propre à une personne qui attache beaucoup d'importance à la considération, associée au domaine affectif et à l'amour sous toutes ses formes.

Le terme « sociable » met l'accent sur les échanges affectifs nombreux ; selon la définition du *Petit Robert*, ce terme désigne une personne « qui est capable de relations humaines aimables, recherche la compagnie, le commerce de ses semblables ». La personne sociable consacre beaucoup plus de temps et d'énergie que la moyenne des gens de son entourage à établir et à maintenir des relations interpersonnelles. Selon les nuances que l'on désire apporter, on peut tout aussi bien parler de style affectueux, romantique, sentimental, etc.

Comme il n'existe qu'un seul style pour désigner les personnes qui ont une vie affective intense, il y a lieu d'introduire des nuances dans cette catégorie d'individus, selon que l'accent est mis sur l'aspect quantitatif ou qualitatif. Certains ont peu de partenaires affectifs et recherchent l'intensité, tandis que d'autres consacrent beaucoup d'énergie et de temps à se créer un vaste réseau de partenaires. Le mot « romantique » convient davantage au premier groupe, le mot « sociable », au second.

FIGURE 4.5 Le style sociable

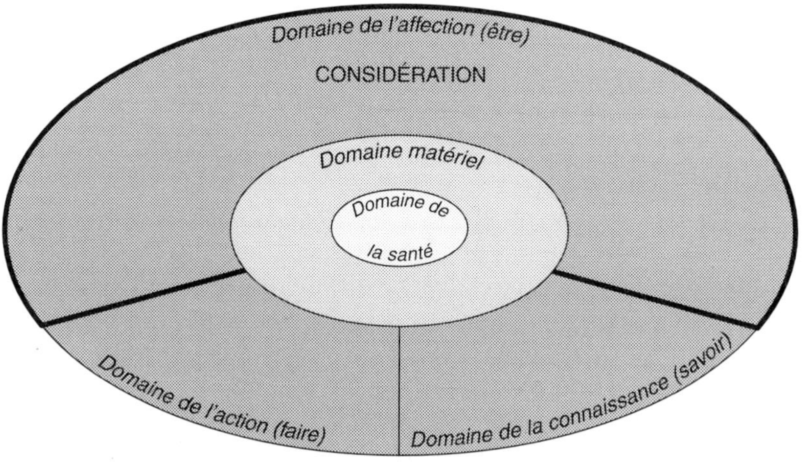

FIGURE 4.6 Le style actif

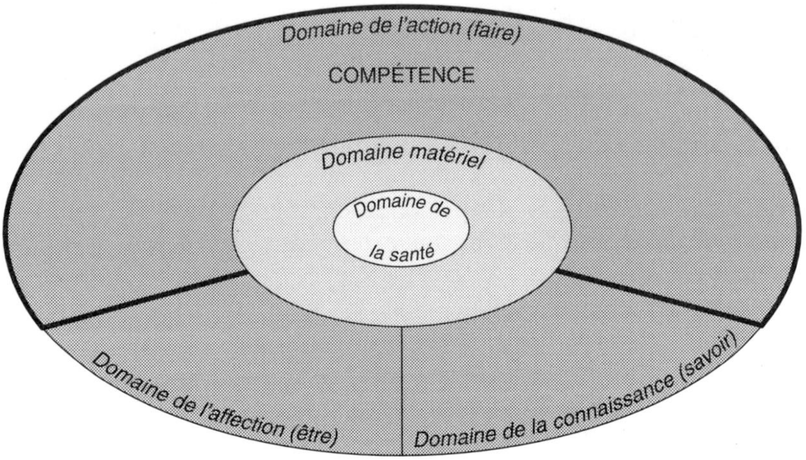

Le style actif

Le schéma de la figure 4.6 illustre le style d'actualisation propre à une personne qui attache beaucoup d'importance à la compétence, associée au domaine de l'action et du « faire ».

Le terme « actif », selon le *Petit Robert*, désigne une personne « qui aime à agir, à se dépenser en travaux, en entreprises ». La personne correspondant à ce style consacre beaucoup plus de temps et d'énergie que la moyenne des gens de son entourage à accomplir des actions, par l'intermédiaire d'activités sociales, professionnelles, personnelles, etc. Selon les nuances que l'on désire apporter, on peut tout aussi bien parler de style bâtisseur, créateur, constructeur, etc.

Le style réflexif

Le schéma de la figure 4.7 illustre le style d'actualisation propre à une personne qui attache beaucoup d'importance à la cohérence, associée au domaine de la connaissance et du « savoir ».

Le terme « réflexif » qualifie l'attitude de la personne pour laquelle le domaine de la connaissance se trouve au premier plan. Selon le *Petit Robert*, la réflexion est « le retour de la pensée sur elle-même en vue d'examiner plus à fond une idée, une situation, un problème ». L'individu caractérisé par un style réflexif consacre beaucoup plus de temps et d'énergie que la moyenne des gens de son entourage à l'acquisition de

FIGURE 4.7 Le style réflexif

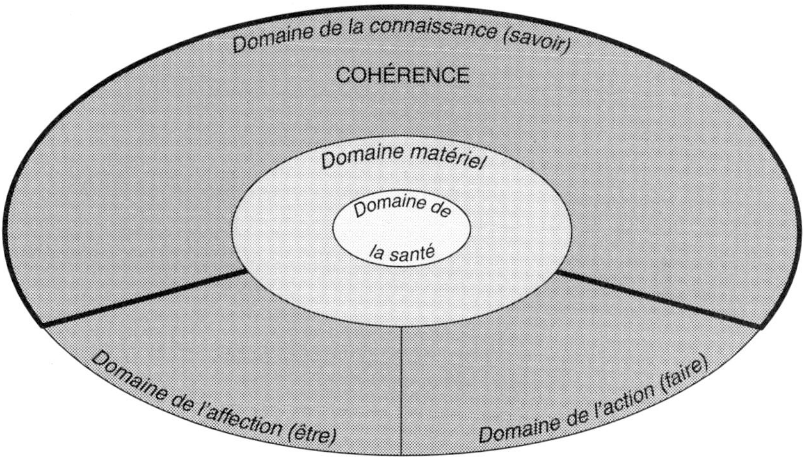

connaissances. Il ne se contente pas des idées toutes faites ni des explications superficielles. On a souvent affaire à une personne dont on dit qu'elle aime aller au fond des choses. Selon les nuances que l'on désire apporter, on peut tout aussi bien parler de style chercheur, penseur, religieux, etc.

Le style réflexif n'est pas réservé aux personnes rationnelles qui sont à l'aise avec les discours logiques et scientifiques. Il est possible, par exemple, de développer un style réflexif sur le plan religieux et de répondre à son besoin naturel de cohérence en interprétant les événements et les aspects de l'activité humaine dans un langage qui échappe au contrôle de la science. Il en va de même des personnes dont le style réflexif se manifeste dans l'art, la littérature ou la philosophie.

LA STRUCTURE MOTIVATIONNELLE

Dans l'introduction du présent ouvrage, nous avons proposé trois façons d'aborder l'étude du comportement humain : selon que l'on considère que **tous** sont semblables, que **certains** se ressemblent ou que **chacun** est unique. Ces perspectives sont applicables quand on étudie la motivation humaine. Lorsque l'on traite des besoins naturels ou fondamentaux que l'on s'attend à trouver chez toute personne en santé, on adopte la première perspective. À l'autre extrême du continuum, chacun vit des besoins particuliers qui reflètent son histoire bien personnelle : c'est là où « chacun est unique ». Entre ces deux perspectives, il existe ce que l'on appelle des structures motivationnelles particulières. Une observation minutieuse permet en effet de déceler des constantes dans l'émergence et la satisfaction des besoins. Ces constantes permettent de comparer les personnes entre elles.

La section précédente a proposé une description des styles d'actualisation et amorcé ainsi la comparaison des individus entre eux. Les styles résultent de pondérations différentes dans l'importance relative que certains individus accordent à chaque catégorie de besoins naturels. L'analyse de la structure motivationnelle permet d'aller plus loin dans cette direction ; on y associe des besoins tels qu'ils sont vécus dans le quotidien (besoins particuliers) aux besoins naturels ou fondamentaux, par la description des modalités de réponse à nos différents besoins. Les besoins particuliers sont les produits de scénarios qui sont spontanément réactivés lorsque se manifestent les différents besoins naturels. L'expression « besoins structurants » désigne ces scénarios.

L'analyse de la structure motivationnelle est particulièrement utile lorsqu'une personne subit une période de changement dans sa vie. Dans ce cas, le processus d'actualisation consiste souvent pour le sujet à modifier une ou plusieurs structures motivationnelles, à trouver de nouvelles façons de répondre à ses besoins naturels. Par exemple, la personne qui a satisfait ses besoins affectifs pendant plus de cinquante ans dans une relation de couple harmonieuse continuera à souhaiter se rapprocher quotidiennement de son conjoint à la mort de celui-ci. Après une période de deuil qui lui permettra de constater l'inefficacité d'une structure motivationnelle désormais sans objet, le processus d'actualisation l'amènera normalement à intensifier d'autres structures plus efficaces ou à en créer de nouvelles. Certaines personnes, par exemple, rendront plus régulièrement visite à leurs parents ou amis pour répondre à leurs besoins de considération. D'autres préféreront établir une relation privilégiée avec un nouveau conjoint.

Le tableau 4.1 propose quelques exemples susceptibles de faciliter la compréhension de ce qu'est une structure motivationnelle. La première colonne reprend la classification des besoins naturels présentée précédemment. Selon la théorie de la motivation présentée ici, toute action humaine vise à satisfaire un ou plusieurs de ces besoins. C'est pourquoi on dit de ces besoins qu'ils sont naturels et fondamentaux. La troisième colonne contient quelques exemples de besoins particuliers, tels que l'on en vit au jour le jour, tels que l'on pourrait les décrire dans un journal de bord qui ferait état de tous les besoins qu'une personne aurait pu manifester au cours d'une période de sa vie. Entre les besoins naturels et les besoins

TABLEAU 4.1 L'organisation des besoins

Besoins naturels	Besoins structurants	Besoins particuliers
Besoin de **BIEN-ÊTRE PHYSIQUE** (santé)	Il me faut huit heures de sommeil par nuit.	J'ai le goût d'aller danser ce soir ; demain j'ai congé et je me lèverai plus tard.
Besoin de **SÉCURITÉ MATÉRIELLE** (argent)	Je suis incapable de vivre avec des dettes.	Je vais abandonner mes études ; je n'ai plus d'argent.
Besoin de **CONSIDÉ-RATION** (amour)	J'ai toujours besoin que l'on m'apprécie.	J'aurais dû dire non, mais j'ai accepté...
Besoin de **COMPÉ-TENCE** (réalisation)	Je suis incapable de garder un emploi ; après six mois, je m'ennuie.	J'ai le goût de remettre ma démission à mon patron.
Besoin de **COHÉ-RENCE** (connaissance)	Avant je priais, mais cela ne m'apporte plus la tranquillité.	Mon frère vient de se suicider à 15 ans... Pourquoi lui ? Cela n'a aucun sens.

particuliers, on trouve des exemples de structures motivationnelles particulières. Le terme « besoins structurants » désigne, pour chaque type de besoin naturel, un exemple de scénario qui oriente la façon de répondre à un besoin naturel chez une personne donnée. Il est impossible de faire une liste exhaustive des besoins structurants. Comme nous l'avons mentionné au chapitre 1, les portraits-robots n'existent pas dans le domaine de l'actualisation. Les illustrations proposées ici, à l'instar des styles d'actualisation décrits plus haut, n'ont qu'une visée : aider chaque personne à définir elle-même sa structure motivationnelle de façon à augmenter l'efficacité de son action.

La première structure motivationnelle du tableau est sous-jacente à l'expression d'un « besoin particulier » chez une personne qui se dit : « J'ai le goût d'aller danser ce soir ; demain j'ai congé et je me lèverai plus tard. » Cette personne prend en considération son besoin de bien-être physique et planifie une action qui répondra à un besoin de niveau 1. Le besoin se manifeste à travers un désir (« J'ai le goût »). La colonne du centre rapporte un commentaire de la même personne nous indiquant comment celle-ci a adopté une structure motivationnelle qui lui permet de satisfaire à son besoin de sommeil : « Il me faut huit heures de sommeil par nuit. »

Le besoin de maintenir ses huit heures de sommeil est considéré comme un besoin structurant, car il contribue à structurer les activités et les choix quotidiens de cette personne. C'est là un exemple de scénario utilisé par le sujet pour assurer son bien-être physique.

La deuxième structure motivationnelle concerne le besoin naturel de type 2 : la sécurité matérielle. Cette fois, le besoin particulier de la personne en cause se manifeste par une intention de type rationnel, le projet d'abandonner ses études parce que son besoin de sécurité matérielle ne peut plus être satisfait. Quelqu'un d'autre aurait pu décider de faire un emprunt, mais le sujet concerné ici présente une structure motivationnelle qui tend à éliminer une telle solution : « Je suis incapable de vivre avec des dettes. » Dans la mesure où les études représentent un moyen d'actualisation important pour cette personne, plusieurs actions sont possibles. Par exemple, elle peut remettre en question sa structure motivationnelle, trouver une autre façon de répondre à son besoin de sécurité matérielle et décider d'un mode de financement de ses études qui inclura un emprunt. Elle peut aussi maintenir sa structure, tout en décidant d'aller travailler pendant quelque temps avant de poursuivre ses études. Du point de vue de l'actualisation, les deux options sont équivalentes ; c'est la qualité du choix personnel, choix qui doit être éclairé et réaliste, qui déterminera la valeur actualisante de l'option retenue.

La troisième structure motivationnelle concerne le besoin naturel de type 3 : la considération. Par rapport au besoin particulier, il semble que la personne ait agi sous l'effet d'une opposition non résolue entre le « rationnel » (« J'aurais dû dire non ») et une habitude qui n'est pas indiquée dans le tableau, mais qui pourrait se formuler ainsi : « Je dis oui quand on me demande quelque chose. » Le commentaire qui apparaît dans la colonne du centre indique que cette personne est lucide par rapport au besoin structurant à l'origine de son habitude : « J'ai toujours besoin que l'on m'apprécie. »

La quatrième structure motivationnelle a rapport au besoin naturel de type 4 : la compétence. L'exemple cité dans la colonne des besoins particuliers prend la forme d'un désir (« J'ai le goût de remettre ma démission à mon patron »), mais laisse entendre que la décision n'est pas prise. La personne fait un lien, cependant, avec une structure motivationnelle dans laquelle son travail doit servir à répondre à son besoin de compétence (« Je suis incapable de garder un emploi ; après six mois, je m'ennuie »). Si, dans la délibération suivant cette « impulsion » de démissionner, la personne évaluait qu'il y a des conséquences négatives à « démissionner tous les six mois », elle pourrait envisager de modifier sa structure motivationnelle, en cherchant, par exemple, d'autres moyens que le travail pour répondre à ses besoins de compétence : activité de loisir, activité sportive, engagement social, etc. Le besoin de travailler pour assurer sa sécurité matérielle pourrait ainsi devenir un nouveau besoin structurant limité à la satisfaction d'un besoin de type 2, le besoin d'un gagne-pain.

Le cinquième cas illustre un changement de structure motivationnelle dont la personne prend conscience par rapport au besoin naturel de type 5 : la cohérence. À l'occasion d'un événement où son besoin de cohérence est profondément insatisfait (« Mon frère vient de se suicider à 15 ans… Pourquoi lui ? Cela n'a aucun sens »), la personne prend conscience du fait qu'un ancien besoin structurant ne lui permet plus de répondre à son besoin naturel (« Avant je priais, mais cela ne m'apporte plus la tranquillité »). L'événement peut lui donner l'occasion soit de faire le point sur ses convictions religieuses et, le cas échéant, de réactiver une structure motivationnelle de type religieux qui lui a déjà réussi, soit de restructurer sa façon de se situer au regard des questions existentielles.

La plupart des exemples donnés dans le tableau ont été choisis pour illustrer des structures motivationnelles assez simples, où un besoin structurant est directement associé à un besoin naturel. Toutefois, l'exemple se rapportant au besoin de compétence montre qu'une structure motivationnelle peut souvent être au service de différents besoins naturels. Dans cet exemple, le sujet recherche dans son travail la réponse à deux types de besoins : le besoin de sécurité matérielle et le besoin de compétence. L'habitude de rencontrer des amis au restaurant pourrait révéler chez un individu une structure propre à répondre à des besoins de type 1 (bien manger) et à des besoins de type 3 (considération). Il va de soi qu'une structure motivationnelle sera d'autant plus forte, donc plus difficile à modifier, le cas échéant, si elle répond à plus d'un besoin naturel.

Il en va de même des besoins particuliers qui, certains jours, mobilisent une grande quantité d'énergie et exigent une bonne dose de détermination étant donné qu'ils sont l'expression de plusieurs besoins naturels. Par exemple, si, au terme d'un long voyage, fatigué et affamé (besoin de type 1), je cherche le chemin de l'hôtel où un très bon ami m'attend (besoin de type 3) pour me présenter le lendemain au patron de l'hôtel qui désire m'offrir un travail très payant (besoin de type 2) dans un domaine où je pourrai tester un nouveau modèle informatique de ma conception (besoin de type 4), un modèle qui apporte une réponse à des phénomènes bizarres observés dans le secteur hôtelier (besoin de type 5), il est certain que je ferai tous les efforts nécessaires pour trouver ce chemin.

À l'inverse, la motivation est à son plus bas lorsque l'on est sollicité pour une action qui ne correspond à aucun besoin ou, pire encore, qui contribue à augmenter l'insatisfaction de plusieurs besoins. Par exemple, si un « ami » me téléphone pour me parler de ses malheurs alors que je suis grippé et fatigué (frustration du type 1), qu'il me faut poster ma déclaration d'impôt bien remplie dans trois heures sous peine de payer des intérêts supplémentaires (urgence de satisfaire un besoin de type 2), que mon « ami » s'impose sans même me demander si j'ai le temps de l'écouter (frustration du type 3), qu'il m'a déjà parlé du même sujet et n'a jamais tenu compte des conseils que je lui ai donnés pour résoudre son problème (frustration du type 4) et que la situation qu'il me présente ne contient aucun défi intellectuel (aucune stimulation du type 5), il est peu probable que la décision de l'écouter sera actualisante, et ce tant pour l'un que pour l'autre. Il serait sans doute préférable de lui dire que je ne suis pas disponible, quitte à lui donner un rendez-vous à un moment plus propice.

LA RECHERCHE D'EFFICACITÉ

L'analyse des besoins humains n'a pas seulement un intérêt théorique. Toute personne peut utiliser les notions présentées plus haut dans une recherche d'efficacité. L'actualisation est un processus naturel et tout individu s'actualise au fil des événements, selon des conditions plus ou moins facilitantes. Il est possible, toutefois, d'accélérer le processus par une démarche dite de « praxéologie ».

La praxéologie est une démarche structurée visant à rendre l'action plus consciente, plus autonome et plus efficace, donc plus actualisante (St-Arnaud, 1995a)[21]. On trouve dans cette définition les trois clés de l'actualisation : la disponibilité (en particulier la capacité de recevoir l'information de son propre organisme), qui augmente le degré de conscience ; l'autonomie, reliée à la capacité de faire des choix personnels ; et l'efficacité, associée à la capacité de répondre à ses besoins naturels. La praxéologie utilise différentes méthodes pour aider une personne à réfléchir sur son action et à rendre celle-ci plus efficace dans son interaction avec les autres. En praxéologie, on définit l'efficacité d'après la capacité d'une personne de réaliser ses intentions. L'intention, comme on l'a vu au chapitre 3, se manifeste par l'intermédiaire d'un projet, d'un désir ou d'une habitude. La praxéologie est une méthode qui consiste à formuler ses intentions en considérant l'effet que l'on veut produire chez son interlocuteur. Ainsi, une action est efficace, donc actualisante, si elle permet à

---

21. Pour une discussion de cette définition, voir A. Lhotellier et Y. St-Arnaud, « Pour une démarche de praxéologie », dans *Nouvelles pratiques sociales*, vol. 7, n° 2, automne 1994.

la personne qui agit de produire le résultat visé sans effet secondaire indésirable.

Un des instruments les plus utilisés en praxéologie est le test personnel d'efficacité. Il s'agit d'une opération très simple qui permet d'évaluer l'efficacité de son action et de corriger ses erreurs sans qu'il soit nécessaire de conceptualiser son intention. L'acteur qui a recours à ce test présume que toute action est une recherche plus ou moins consciente de satisfaction d'un ou de plusieurs besoins. En conséquence, après chaque parole prononcée au cours d'un dialogue, il se place délibérément en mode affectif pour quelques secondes. Il peut alors constater que chacune des interventions de son interlocuteur provoque en lui une réaction, un ressenti, agréable ou désagréable. Cette réaction lui permet, dans le feu de l'action, de s'adapter rapidement à ce qui se passe. Un sentiment agréable est l'indice subjectif qu'un besoin est satisfait ; un sentiment désagréable est, au contraire, l'indice qu'un besoin est insatisfait.

Chaque fois que l'interlocuteur dit ou fait quelque chose, l'acteur est invité à assigner mentalement un code à ce comportement verbal ou non verbal. Le code est emprunté aux couleurs des feux de circulation[22]. Le vert indique une expérience agréable, indice affectif que l'effet visé chez l'interlocuteur est obtenu. Le jaune indique une expérience mixte : même si l'effet visé n'est pas obtenu, l'acteur a le sentiment qu'il existe une ouverture, qu'il lui est possible de progresser vers l'effet visé. Enfin, le rouge indique une expérience désagréable, indice affectif que l'interlocuteur réagit à l'opposé de l'effet visé, qu'il constitue « un sujet récalcitrant », pour utiliser un langage humoristique ; bref, l'interlocuteur ne dit pas ou ne fait pas ce qu'il « devrait » dire ou faire pour répondre au besoin de l'acteur.

Ce code est avantageux en ce qu'il est utilisable même si l'acteur ignore la nature de son intention. La réaction subjective est plus rapide que toute analyse rationnelle : on aime ou on n'aime pas ce que l'on entend ou ce que l'on voit et l'on peut utiliser le ressenti pour savoir de façon rapide si l'on est efficace ou non. En se plaçant périodiquement en mode affectif, pour quelques instants, pendant que l'on interagit, on peut rapidement corriger son action lorsque l'on n'obtient pas l'effet visé. La figure 4.8 (p. 100), adaptée d'un ouvrage de St-Arnaud (1995a), illustre comment un acteur peut s'actualiser davantage dans l'action en augmentant l'efficacité de celle-ci.

Les éléments qui apparaissent dans les rectangles du schéma de la figure 4.8 résument le fonctionnement de l'organisme lorsqu'il est en

---

22. Le code utilisé ici est sans rapport avec le code proposé pour distinguer les quatre processus psychologiques dans les chapitres précédents.

FIGURE 4.8 Le test personnel d'efficacité

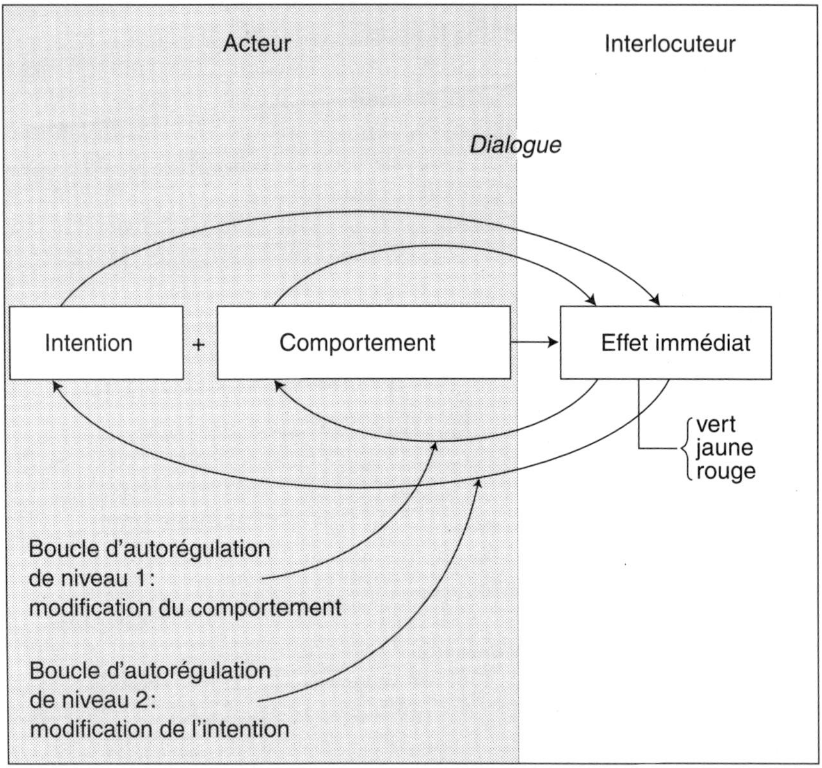

interaction. Toute action étant intentionnelle, mon comportement comme acteur, au cours d'un dialogue, est considéré a priori comme un moyen de produire chez mon interlocuteur un effet immédiat. En colorant mentalement de vert, de jaune et de rouge chaque intervention de l'interlocuteur (« ce qu'il dit » ou « ce qu'il fait »), je peux évaluer, au moyen de ma réaction subjective, si je suis efficace ou non. Même si l'enjeu réel de l'interaction correspond à ce qui se passera après la rencontre, je peux évaluer si l'effet immédiat, observé au cours de l'interaction, me convainc que l'effet à venir se produira. Les boucles d'autorégulation de niveau 1 et 2 indiquent comment on peut augmenter rapidement son efficacité dans l'action lorsque la réaction de l'interlocuteur est codée en jaune ou en rouge. La première boucle consiste à modifier son comportement, c'est-à-dire le moyen utilisé pour produire l'effet visé. La seconde consiste à se demander si son intention est réaliste et, dans la négative, à la modifier.

CONCLUSION

Au cours de son développement, toute personne est appelée à s'actualiser, à des degrés variables. À ce titre, parler d'actualisation, c'est parler de la vie elle-même, de la vie d'une personne qui se particularise à mesure qu'elle se développe. Si naturel qu'il soit, le processus d'actualisation ne se fait pas sans difficulté. Tout environnement socioculturel impose des normes de développement aux individus, des normes qui sont tantôt bénéfiques, tantôt nocives. Ces normes sont bénéfiques lorsqu'elles permettent à l'individu d'intégrer les acquis de sa culture et d'éviter, pour ainsi dire, les erreurs des personnes qui l'ont précédé dans l'évolution de l'espèce humaine. Elles sont nocives lorsqu'elles créent des tensions non résolues qui perturbent le processus naturel d'actualisation au point de laisser des séquelles irréversibles. C'est ce qu'a permis de révéler la théorie psychosociale de l'actualisation présentée au chapitre 1.

Dans ce contexte, il est avantageux de bien comprendre le processus d'actualisation, soit pour le favoriser dans un contexte d'éducation, soit pour aider à le rétablir dans un contexte thérapeutique. Afin d'aider les personnes à s'actualiser ou à aider d'autres personnes à s'actualiser, le processus a été décomposé en trois opérations : recevoir, choisir et agir. Ces opérations ont pour effet de développer la disponibilité, l'autonomie et l'efficacité, trois qualités qui caractérisent une personne en voie de s'actualiser.

L'analyse en séquence de ces trois opérations ne signifie pas qu'il faille isoler les efforts déployés pour augmenter sa disponibilité, son autonomie et son efficacité. Par exemple, s'il est vrai que la disponibilité et la clarté des choix conduisent à une action efficace, il est tout aussi vrai que la recherche d'efficacité conduit à une plus grande disponibilité et à de meilleurs choix. Les trois opérations du processus d'actualisation sont en interaction continuelle et ce processus peut être amorcé par n'importe laquelle d'entre elles.

Au terme de cette démarche, il est utile de souligner que, malgré tout le savoir accumulé en psychologie au cours du XXe siècle, il reste encore bien des choses à découvrir. Pour toute personne, s'actualiser sera toujours une aventure unique et originale.

RÉFÉRENCES BIBLIOGRAPHIQUES

ALLPORT, G.W. (1937), *Personality. A Psychological Interpretation*, New York : Henry Holt.

ANGYAL, A. (1941), *Foundations for a Science of Personality*, New York : Commonwealth Fund.

ANZIEU, D., BOWLBY, J., CHAUVIN, R., DUYCKAERTS, F., HARLOW, H.H.F., KOUPERNIK, C., LEBOVICI, S., LORENTZ, K., MALRIEU, P., SPITZ, R.A., WIDLÖCHER, C. et ZAZZO, R. (1974), *L'attachement*, Paris : Neufchâtel, Delachaux et Niestlé.

ARGYRIS, C. (1980), *Inner Contradictions of Rigorous Research*, New York : Academic Press.

ARGYRIS, C., PUTNAM, R. et McLAIN SMITH, D. (1985), *Action Science*, San Francisco : Jossey-Bass.

ARGYRIS, C. et SCHÖN, D.A. (1974), *Theory in Practice : Increasing Professional Effectiveness*, San Francisco : Jossey-Bass.

AUGER, L. (1974), *S'aider soi-même : une psychothérapie par la raison*, Montréal : Les Éditions de l'Homme.

AUGER, L. (1977), *Vaincre ses peurs*, Montréal : Les Éditions de l'Homme.

AUGER, L. (1979), *Vivre avec sa tête ou avec son cœur*, Montréal : Les Éditions de l'Homme.

BOUTINET, J.-P. (1990), *Anthropologie du projet*, Paris : Presses universitaires de France.

BOUTINET, J.-P. (1993), *Psychologie des conduites à projet*, Paris : Presses universitaires de France.

BRAMMER, L. M. (1985), *The Helping Relationship, Process and Skills*, 3e éd., Englewood Cliffs (N.J.) : Prentice-Hall.

BUCK, R. (1976), *Human Motivation and Emotion*, New York : John Wiley & Sons.

CARKHUFF, R. R. (1978), *L'art de résoudre un problème*, Sainte-Foy : Les Éditions Saint-Yves.

CHESSMAN, J. et MERIKLE, J.M. (1984), « Priming with and without Awareness », *Perception and Psychophysics*, vol. 36, p. 387-395.

CLOUTIER, R. et RENAUD, A. (1990), *Psychologie de l'enfant*, Boucherville : Gaëtan Morin Éditeur.

CORSINI, R. et WEDDING, D. (1989), *Current Psychotherapies*, 4e éd., Pacific Grove (Calif.) : Brooks/Cole.

DECI, E.L. (1975), *Intrinsic Motivation*, New York : Plenum Press.

DECI, E.L. et RYAN, R.M. (1985), *Intrinsic Motivation and Self-Determination in Human Behavior*, New York : Plenum Press.

DELORME, A. (1982), *Psychologie de la perception*, Montréal : Éditions Études vivantes.

DORÉ, F.Y. et MERCIER, P. (1992), *Les fondements de l'apprentissage et de la cognition*, Boucherville : Gaëtan Morin Éditeur.

EGAN, G. (1987), *Communication dans la relation d'aide*, Montréal : Les Éditions HRW ; traduction de *The Skilled Helper*, 3e éd., Belmont (Calif.) : Brooks/Cole (1986).

ELLIS, A. (1973), *Humanistic Psychotherapy : The Rational Emotive Approach*, New York : The Julian Press.

ELLIS, A. et GRIEGER, R. (1977), *Handbook of Rational-Emotive Therapy*, New York : Springer.

FESTINGER, L., RIECKEN, H. et SCHACHTER, S. (1956), *When Prophecy Fails*, Minneapolis : University of Minnesota Press.

FORTIN, C. et ROUSSEAU, R. (1989), *Psychologie cognitive, une approche de traitement de l'information*, Sainte-Foy : Télé-université.

FRANKL, V.E. (1967), *Psychotherapy and Existentialism : Selected Papers on Logotherapy*, New York : Washington Square Press.

FRANKL, V.E. (1969), *The Will to Meaning*, New York : A Plume Book from New American Library.

FRIEDMAN, N. (1982), *Experiential Therapy and Focusing*, New York : Half Court Press.

GARNEAU, J. et LARIVEY, M. (1979), *L'autodéveloppement : psychothérapie dans la vie quotidienne*, Montréal : Ressources en développement inc.

GARNEAU, J. et LARIVEY, M. (1994), *Programme Savoir ressentir*, Montréal : Ressources en développement inc.

GENDLIN, E.T. (1962), *Experiencing and the Creation of Meaning*, New York : MacMillan.

GENDLIN, E. T. (1978), *Une théorie du changement de la personnalité*, Montréal : Les Éditions du CIM.

GENDLIN, E.T. (1992), *Focusing : Au centre de soi*, Montréal : Le Jour, Actualisation.

GEORGE, R.L. et CRISTIANI, T.S. (1995), *Counseling, Theory and Practice*, Boston : Allyn & Bacon.

GOBLE, F. (1970), *The Third Force*, New York : Grossman Publishers.

GOLDSTEIN, K. (1951), *La structure de l'organisme*, Paris : Gallimard.

HARLOW, H.F. (1962), « The Heterosexual Affectional System in Monkeys », *American Psychology*, vol. 17, n° I-9, p. 54.

HÉTU, J.-L. (1990), *La relation d'aide, éléments de base et guide de perfectionnement*, Boucherville : Gaëtan Morin Éditeur.

HULL, C.L. (1930), « Knowledge and Purpose as Habit Mechanisms », *Psychological Review*, vol. 37, p. 511-525.

HUNT, D.E. (1987), *Beginning with Ourselves in Practice, Theory and Human Affairs*, Cambridge (Mass.) : Brookline Books.

ITTELSON, W.H. (1960), *Visual Space Perception*, New York : Springer Publishing.

JOHNSON, S. (1992), *Oui ou non*, Montréal : Les Éditions Flammarion ltée.

JONES, A. et CRANDALL, R. (dir.) [1991], *Handbook of Self-actualization*, édition spéciale du *Journal of Social Behavior and Personality*, vol. 6, n° 5.

KIROUAC, G. (1989), *Les émotions*, Sillery : Les Presses de l'Université du Québec.

KIROUAC, G. (1993), « Les émotions », dans Vallerand, R.J. (dir.), *Les fondements de la psychologie sociale*, Boucherville : Gaëtan Morin Éditeur, chap. 2.

KLUCKHOHN, C. et MURRAY, H. (1948, 1956), « Personality Formation : The Determinants », dans Kluckhohn, C. et Murray, H. (dir.), *Personality in Nature, Society and Culture*, New York : Alfred A-Knopf.

KNAPP, R.R. (1976), *Handbook for the POI*, San Diego (Calif.) : Edits.

KOLB, D.A. (1984), *Experiential Learning : Experience as the Source of Learning and Development*, Englewood Cliffs (N.J.) : Prentice-Hall.

LABORIT, H. (1974), *La nouvelle grille*, Paris : Éditions Robert Laffont.

LALONDE, P. et GRUNBERG, F. (dir.) [1988], *Psychiatrie clinique : approche bio-psycho-sociale*, Boucherville : Gaëtan Morin Éditeur.

LESCARBEAU, R., PAYETTE, M. et ST-ARNAUD, Y. (1990), *Profession consultant*, Montréal : Les Presses de l'Université de Montréal, et Paris : Les Éditions de l'Harmattan.

LEWIN, K. (1959), *Psychologie dynamique,* Paris : Presses universitaires de France.

LHOTELLIER, A. et ST-ARNAUD, Y. (1994), « Pour une démarche de praxéologie », dans *Nouvelles pratiques sociales,* vol. 7, n° 2, automne 1994.

MASLOW, A.H. (1954), *Motivation and Personality,* New York : Harper.

MASLOW, A.H. (1968, 1972), *Vers une psychologie de l'être,* Paris : Fayard.

MORIN, P.-C. et BOUCHARD, S. (1992), *Introduction aux théories de la personnalité,* Boucherville : Gaëtan Morin Éditeur.

NUTTIN, J. (1980), *Théorie de la motivation humaine,* Paris : Presses universitaires de France.

PATTERSON, L.E. et WELFEL, E.R. (1994), *The Counseling Process,* 4e éd., Pacific Grove (Calif.) : Brooks/Cole.

PELLETIER, L.G. et VALLERAND, R.J. (1993), « Une perspective humaniste de la motivation : les théories de la compétence et de l'autodétermination », dans Vallerand, R.J. et Thill, E.E. (dir.), *Introduction à la psychologie de la motivation,* Laval : Éditions Études vivantes, chap. 6.

PETERFREUND, E. (1971), *Information Systems and Psychoanalysis,* New York : General Learning Press.

PETOT, J.-M. (1993), « La motivation et l'inconscient : l'interprétation psychanalytique et la métapsychologie des motivations », dans Vallerand, R.J. et Thill, E.E. (dir.) [1993], *Introduction à la psychologie de la motivation,* Laval : Éditions Études vivantes, chap 5.

PINARD, A. (1989), *La conscience psychologique, ses vicissitudes dans l'histoire de la psychologie, sa légitimité scientifique et son rôle dans le développement personnel,* Sillery : Les Presses de l'Université du Québec.

ROGERS, C.R. (1951), *Client Centered Therapy : Its Current Practice,* Boston : Houghton Mifflin.

ROGERS, C.R. (1968), *Le développement de la personne,* Paris : Dunod.

ROGERS, C.R. (1977), *Carl Rogers on Personal Power,* New York : Delacorte Press ; traduit en français sous le titre : *Un manifeste personnaliste, fondements d'une politique de la personne,* Paris : Dunod, 1979.

ROGERS, C.R. (1980), *A Way of Being,* Boston : Houghton Mifflin.

ROGERS, C.R. et KINGET, G.M. (1973), *Psychothérapie et relations humaines,* Louvain : Publications universitaires de Louvain, vol. 1, exposé général.

ROGERS, C.R. et STEVENS, B. (dir.) [1967], *Person to Person*, Lafayette (Calif.) : Real People Press.

ROSNAY, J. (1975), *Le macroscope*, Paris : Seuil.

SALOMÉ, J. et GALLAND, S. (1990), *Si je m'écoutais je m'entendrais*, Montréal : Les Éditions de l'Homme.

SCHÖN, D.A. (1983), *The Reflective Practitioner, How Professionals Think in Action*, New York : Basic Books ; traduit en français par Heynemand, J. et Gagnon, D. sous le titre *Le praticien réflexif — À la recherche du savoir caché dans l'agir professionnel*, Montréal : Les Éditions Logiques (1994).

SHOSTROM, E.L. (1964), « An Inventory for the Measurement of Self-actualization », *Educational and Psychological Measurement*, vol. 24, p. 207-218.

SKINNER, B.F. (1938), *The Behavior of Organism : An Experimental Approach*, New York : Appleton-Century.

SKINNER, B.F. (1948), *Walden II*, Toronto : MacMillan.

SKINNER, B.F. (1953), *Science and Human Behavior*, New York : MacMillan.

ST-ARNAUD, Y. (1974), *La personne humaine*, Montréal : Les Éditions de l'Homme.

ST-ARNAUD, Y. (1978, 1989), *Les petits groupes : participation et communication*, Montréal : Les Presses de l'Université de Montréal.

ST-ARNAUD, Y. (1979), *Psychologie, modèle systémique*, Montréal : Les Presses de l'Université de Montréal.

ST-ARNAUD, Y. (1980), « Avant-propos de psychologie scientifique », dans *Revue québécoise de psychologie*, vol. 1, n° 1.

ST-ARNAUD, Y. (1982a), *La personne qui s'actualise*, Chicoutimi : Gaëtan Morin Éditeur.

ST-ARNAUD, Y. (1982b), « Le facteur d'incertitude en psychologie », dans *Revue québécoise de psychologie*, vol. 3, n° 2.

ST-ARNAUD, Y. (1983), *Devenir autonome*, Montréal : Le Jour, Éditeur.

ST-ARNAUD, Y. (1992), *Connaître par l'action*, Montréal : Les Presses de l'Université de Montréal.

ST-ARNAUD, Y. (1993), « Guide méthodologique pour conceptualiser un modèle d'intervention », dans Serre, F. (dir.), *Recherche, formation et pratiques en éducation des adultes*, Sherbrooke : Éditions du CRP, Université de Sherbrooke, chap. 8.

ST-ARNAUD, Y. (1995a), *L'interaction professionnelle, efficacité et coopération*, Montréal : Les Presses de l'Université de Montréal.

ST-ARNAUD, Y. (1995b), « Pratique, formation et recherche : l'espoir d'un dialogue », dans *Cahiers de la recherche en éducation*, Éditions du CRP, Université de Sherbrooke, vol. 2, nº 1, p. 21-38.

VALLERAND, R.J. (1994), « Les attributions en psychologie sociale », dans Vallerand, R.J. (dir.), *Les fondements de la psychologie sociale*, Boucherville : Gaëtan Morin Éditeur, chap. 5.

VALLERAND, R.J. et THILL, E.E. (dir.) [1993], *Introduction à la psychologie de la motivation*, Laval : Éditions Études vivantes.

VARELA, F., THOMPSON, E. et ROSCH, E. (1993), *L'inscription corporelle de l'esprit*, Paris : Seuil.

WATSON, J.B. (1926), *The Ways of Behaviorism*, New York : Harper.

WEINER, B. (1980), *Human Motivation*, New York : Holt Reinhart.

WHITE, R.W. (1959), « Motivation Reconsidered : The Concept of Competence », *dans Psychological Review*, vol. 66.

WHITSON, E.R. et OLCZAK, P.V. (1991), « The Use of the POI in Clinical Situations : An Evaluation », dans Jones, A et Crandall, R. (dir.), *Handbook of Self-actualization*, édition spéciale du *Journal of Social Behavior and Personality*, vol. 6, nº 5, p. 291-310.